_____학교 _____학년 ____반 _____의 책이에요.

'체험학습'이란 책에서나 수업 시간에 배운 지식을 실제 현장에서 직접 경험해 보는 공부 방법이에요. 단순히 전시된 물건을 관람하거나 공연을 보는 것이 아니라 학습을 하기 전에 미리 필요한 정보를 조사하는 것까지를 포함한 모든 활동을 의미해요. 어떻게 공부할 것인지를 준비하면 그렇지 않은 경우보다 훨씬 더 많은 것을 보고 느끼게 되겠지요. 이 책은 체험학습을 하려는 어린이들에게 좋은 길잡이 역할을 할 거예요.

### ❶ 가기 전에 읽어 보세요

이 책은 체험학습 현장을 어린이들이 쉽게 이해할 수 있도록 풀이한 안내서예요. 어린이들이 직접 체험학습 현장을 찾아가는 데 필요한 정보가 들어 있어요. 체험학습 현장을 가기 전에 꼼꼼히 읽어 보세요.

### ❷ 현장에서 비교해 보세요

한국민속촌에는 한국의 전통문화를 느낄 수 있는 건축물과 민속자료가 전시되어 있어요. 이곳에서 우리 조상들의 전통 생활 문화를 직접 체험해 보세요. 눈에 보이지 않는 우리 조상들의 정신문화까지 체험할 수 있을 거예요.

### ❸ 스스로 활동해 보세요

이 시리즈는 단지 지식을 전달하기 위한 교양서가 아니에요. 어린이 여러분이 교과서로 수업 시간에 배운 내용을 실제 현장에서 직접 체험하며 익힐 수 있도록 다양한 활동 내용을 담았지요. 책 중간이나 뒷부분에 이해를 돕기 위한 활동이 있으니 꼭 스스로 정리해 보세요.

### ❹ 견학 후 활동이 다양해요

체험학습 후에는 반드시 견학 후 여러 가지 활동을 해 보세요. 보고서 쓰기, 신문 만들기, 그림 그리기 등을 통해 체험학습에서 보고 들은 내용을 다시 한번 정리하면 알찬 체험학습이 될 거예요.

**신나는 교과 체험학습 07**

# 옛 사람들의 마을로 놀러 가요 한국민속촌

초판 1쇄 발행 | 2007. 4. 10.
개정 3판 7쇄 발행 | 2023. 11. 10.

글 이홍원 | 그림 정소영

**발행처** 김영사 | **발행인** 고세규
**등록번호** 제 406-2003-036호 | **등록일자** 1979. 5. 17.
**주소** 경기도 파주시 문발로 197(우-10881)
**전화** 마케팅부 031-955-3100 | 편집부 031-955-3113~20 | 팩스 031-955-3111

© 이홍원, 2018

값은 표지에 있습니다.
ISBN 978-89-349-8379-8 64000
ISBN 978-89-349-8306-4 (세트)

좋은 독자가 좋은 책을 만듭니다. 김영사는 독자 여러분의 의견에 항상 귀 기울이고 있습니다.
전자우편 book@gimmyoung.com | 홈페이지 www.gimmyoungjr.com

---

**어린이제품 안전특별법에 의한 표시사항**

제품명 도서  제조년월일 2023년 11월 10일  제조사명 김영사  주소 10881 경기도 파주시 문발로 197
전화번호 031-955-3100  제조국명 대한민국  ⚠주의 책 모서리에 찍히거나 책장에 베이지 않게 조심하세요.

옛 사람들의 마을로 놀러 가요

# 한국 민속촌

글 이흥원  그림 정소영

주니어김영사

# 차례

# 한국민속촌에 가기 전에

## 미리 준비하세요

**1. 준비물** 사진기, 필기도구, 《한국민속촌》 책

**2. 옷차림** 민속촌은 겨울에는 몹시 추워요. 옷을 든든하게 입고 가세요. 여름에는 계곡 물에 발을 담글 수도 있어요. 간단한 먹거리를 챙겨 가면 강가 원두막에서 먹을 수 있답니다.

## 미리 알아 두세요

**관람 시간**

| 기간 | 평일 | 주말 |
|---|---|---|
| 2월~4월 | 09:30~18:00 | 09:30~18:30 |
| 5월~9월 | 09:30~18:30 | 09:30~19:00 |
| 10월 | 09:30~18:00 | 09:30~18:30 |
| 11월~1월 | 09:30~17:30 | 09:30~18:00 |

※ 연중 개장

**이용 요금**

| 입장권 | 요금 | 자유이용권 |
|---|---|---|
| 어른 | 25,000원 | 30,000원 |
| 어린이 | 20,000원 | 24,000원 |

**문의**    전화 : 031) 288-0000   홈페이지 : www.koreanfolk.co.kr
주소 : 경기도 용인시 기흥구 민속촌로 90 한국민속촌

## 민속촌에 가는 방법

### 대중교통을 이용해요

서울 출발 : 신논현역 5001-1,
강남역 1560,
종로 5500-1

수원 출발 : 37, 10-5,
죽전역 30,
상갈역 37, 10-5

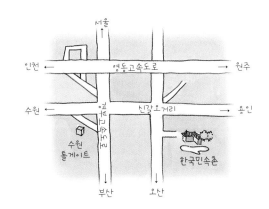

# 한국민속촌은요……

경기도 용인에 있는 한국민속촌은 먼 옛날 이야기 같아 잊혀 가던
우리 조상의 삶을 보여 주는 곳이지요.

남쪽 제주도에서 북쪽 함경도까지 우리나라 모든 지역의 생활
모습을 이곳에 가면 한눈에 확인할 수 있어요.

한국민속촌에 가면 우리 조상이 살았던 집뿐만 아니라 병원,
교육 기관, 관공서, 시장 등을 모두 볼 수 있어요. 또 옛 사람들이
행했던 여러 가지 풍속도 볼 수 있답니다.

옛 사람들의 삶의 흔적들을 살펴보면서 조상의 삶을 체험하고,
슬기와 지혜를 배울 수 있지요.

호랑이가 살아 있고, 할머니 다듬이 소리와 할아버지 담뱃대 소리가
들리는 옛 마을로 떠나 보아요.

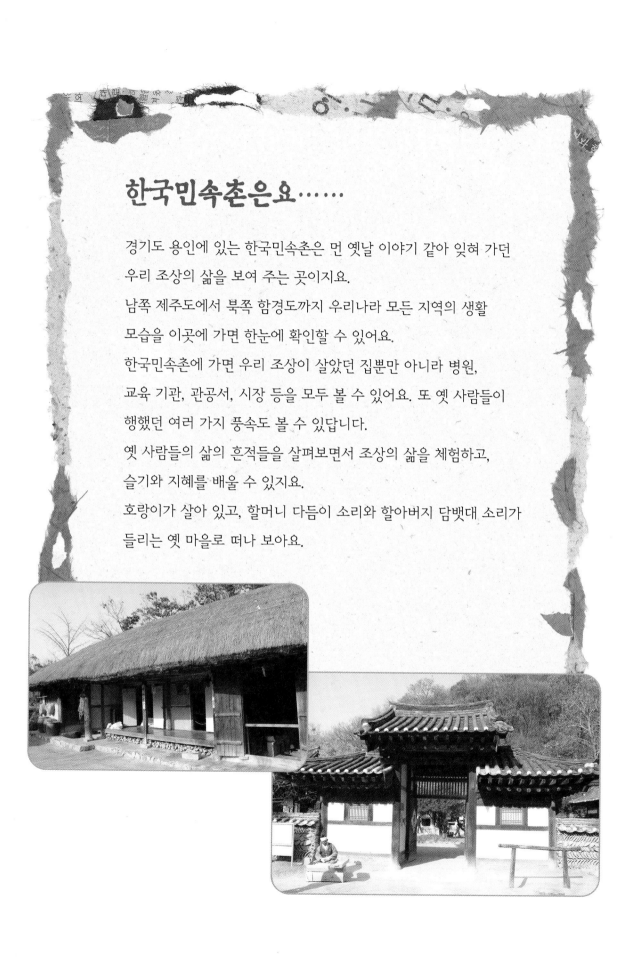

# 한눈에 보는 한국민속촌

한국민속촌은 사라져 가는 우리 조상의 전통 생활 모습을 재현하여 전시한 야외민속박물관이지요. 마을의 안녕과 평화를 빌었던 마을 입구를 시작으로 농가의 살림살이, 사람들의 휴식처였던 모정 등을 둘러보고 나면 격식과 위엄을 자랑했던 양반들의 집이 우리를 반기지요. 이곳에서 에헴 헛기침 소리를 내며 누마루에 올라보는 것은 어떨까요? 그리고 관아와 장터 등 고을 풍경을 둘러보고 섬마을도 찾아가 보세요. 마지막에는 서원에 들러 우리 조상들의 교육 기관은 어떠했는지 우리가 다니고 있는 학교와 비교해 보는 것도 재미있겠지요?
자, 그럼 한국민속촌으로 출발해볼까요?

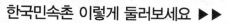

**한국민속촌 이렇게 둘러보세요 ▶▶**

한국민속촌 입구 → 마을 입구 → 남부 농가 → 양반집 → 한의원 →
관아 → 아흔아홉 칸 양반집 → 한지 공방(북부 농가) → 장터 →
제주도와 울릉도의 집 → 전통민속관 → 서원 → 출구

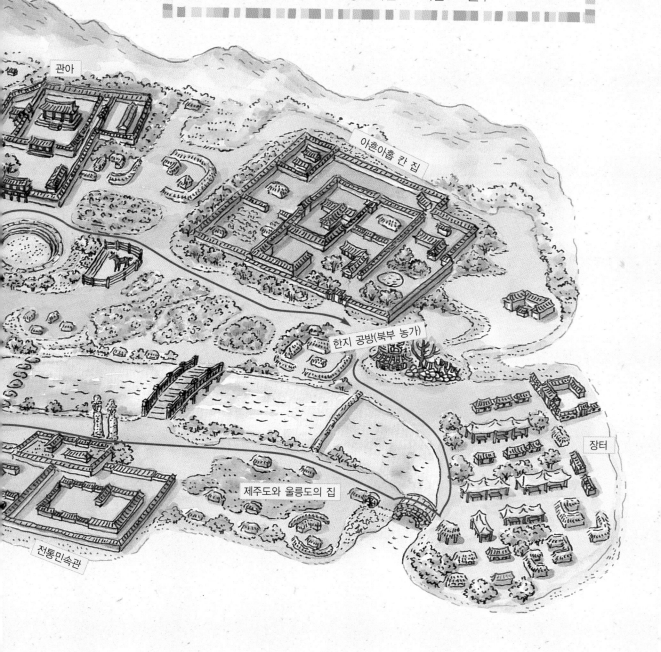

우리 마을에
오신 것을
환영합니다!

장승들이 서 있는 동구

솟을 대문

# 옹기종기 모여 살던 옛 마을

자, 드디어 민속촌에 도착했나요? 옛 사람들이 모여 살던 마을은 어떤 모습이었을까요? 민속촌의 옛 마을을 둘러보며 옛 사람들의 삶도 느껴 보아요.

마을 입구에 들어서면 서낭당, 장승과 같이 수호물들이 먼저 눈에 띄어요. 여러 위험으로부터 마을을 지키기 위해 세워 놓은 것이에요. 마을 입구를 지나면 효자문과 연자방아가 있어요. 천천히 둘러보고 마을 안으로 들어가서 옛 집을 구경해 보아요.

먼저 격식이 잘 갖춰진 부농을 둘러보고, 남부·북부·중부 지방의 농가가 어떻게 다른지도 알아보아요. 각 지역별 기후에 따라 집의 모습이 어떻게 다른지 살펴보면 우리 조상의 지혜까지 느낄 수 있을 거예요. 마지막으로 양반들의 삶의 공간인 양반집으로 가서 양반이 되어 보는 것은 어떨까요. 솟을대문과 사랑채, 안채, 대청마루 등 옛 양반들의 높은 격식과 위엄이 느껴질 거예요.

# 살기 좋은 우리 옛 마을

옛 사람들은 대부분 조그마한 마을을 이루며 살았어요. 우리의 옛 마을은 어떤 모습이었을까요?

대개 마을은 일정한 거리를 두고 들어섰어요. 마을 뒤로 나지막한 산이 감싸고, 앞으로는 조그마한 냇물이 흐르는 아늑한 들판 말이에요. 마을 입구인 동구 밖에는 마을의 평화를 지켜 주는 수호물이 서 있었어요. 서낭당이나 장승, 당집 같은 것들이 마을의 수호물이었지요.

마을의 집과 집 사이에는 밤, 감, 대추 같은 과실수들을 심어 놓았어요. 대부분 초가집이 많았고, 기와집도 한두 채 있었지요.

옛날에는 농사를 많이 지었기 때문에 마을 사람들끼리의 협동이 아주 중요했어요. 그러다 보니 자연스럽게 마을 사람들끼리 사이좋게 지냈고, 작은 일도 서로 돕는 상부상조의 전통이 생겨났지요. 서로 이웃의 일을 도와주던 품앗이나 마을 공동으로 농사일을 하던 두레가 바로 이런 문화이지요. 아직도 농촌에서는 품앗이로 서로 돕고 살지요. 그에 비해 두레는 점점 사라져 가고 있는데, 농촌이 갈수록 기계화되어 가고 있는 탓이지요.

자, 이제 우리 옛 마을을 둘러보러 출발해요.

### 마을이 들어서기 좋은 배산임수 지형

배산임수는 뒤로는 산이 있고 앞으로는 냇물이 있는 지형을 말해요. 마을 뒤에 산이 있으면 겨울에는 찬바람을 막을 수 있고, 땔감을 구하기도 쉬웠지요. 그리고 마을 앞을 흐르는 내는 생활과 농사에 필요한 물을 주었지요. 하지만 큰 산 가까이 살면 농사지을 들판이 적고, 사나운 산짐승에게 해를 입을 수 있었어요. 또 큰 강 옆은 비가 많이 오면 홍수 피해를 볼 수도 있었지요. 그래서 적당한 산과 물과 들판이 있는 곳에 마을이 들어선 것이지요. 그러나 점차 들판을 넓히기 위해 큰 저수지나 댐, 수로를 만들면서 현대에는 넓은 들이 농사의 중심지로 변했어요.

9

# 마을 입구 둘러보기

마을을 둘러보기 전에 마을 입구부터 살펴보아요. 마을 입구에는 각종 위험으로부터 마을을 지키기 위한 마을 사람들의 노력이 모여 있어요.

옛날 사람들은 **역병**을 가장 두려워했어요. 역병이 돌면 그 마을 전체는 물론 인근 마을의 사람들까지 죽음으로 몰고 갔어요. 그래서 옛날 사람들은 역병을 일으키는 역신을 막거나 몰아내는 데 많은 노력을 기울였어요. 의학적인 치료와 더불어 무당에게 **주술**의 힘을

**역병**
대체로 급성이며 몸 전체에 증상을 나타내어 집단적으로 생기는 악성 전염병이에요.

**주술**
불행이나 재해를 막으려고 주문을 외거나 어떤 수를 부리는 일이에요.

## 옛 남자들은 이렇게 살았어요

남녀의 구별이 엄격했던 옛날에는 남녀의 삶의 과정도 달랐어요. 남자들은 여자들에 비해 바깥 활동을 많이 했지요.

**탄생**
아이가 태어나면 금줄을 치고 외부의 접근을 막았어요.

**돌잔치**
첫 생일이에요. 건강하게 오래 살기를 바라며 축하했지요.

**전통놀이**
연날리기, 제기차기 등 여러 가지 놀이를 즐겼어요.

**공부**
양반들은 가정에서, 평민들은 서당에서 공부했어요.

**결혼**
가문과 가문의 만남으로 생각해서 주로 어른들의 뜻에 따라 결정되었어요.

빌리기도 했지요. 자, 이제 마을을 지키기 위한 공동의
노력이 담겨 있는 마을 입구를 차근차근 둘러보아요.

당집

## 서낭당

마을 사람들의 생명을 위협하는 질병이나 재앙이
마을로 들어오는 것을 막아 주는 마을신을 모신 곳이
바로 서낭당이에요. 보통 마을 입구나 마을의 신성한 장소에 있지요.
그 대상은 큰 나무, 돌무더기, **당집** 등이에요. 그중
큰 나무와 돌무더기가 함께 있는 경우가 가장 많았어요.

🔍 **당집**
서낭당, 국사당 등과 같
이 신을 모셔 두는 집이
에요.

## 장승

마을이나 사찰의 입구에 세워진 모습을 자주 볼 수
있지요. 주로 장승은 나무를 깎아 만들었지만, 돌로
만들기도 했어요. 장승은 마을의 입구를 표시하거나,
길에 세워 표지판의 역할을 하기도 해요. 보통 **솟대**와
함께 서 있기도 하며, 마을의 재앙을 막아 주기도
했어요. 그래서 서낭당과 같이 마을의 안녕과 평안을 기원하는
대상이었지요.

장승

🔍 **솟대**
나무로 새를 깎아서 높
은 장대 위에 앉힌 것으
로 마을을 지켜 주는 수
호신이에요.

**과거**
과거 급제는 가문의 영
광이며 큰 뜻을 펼쳐
보일 기회였지요.

**관직**
부귀와 권력을 누렸지
만 큰 죄를 지으면 유
배를 가기도 했지요.

**환갑 잔치**
만 60세 생일을 축하하
는 잔치예요. 개인과 집
안의 경사였어요.

**장례식**
죽은 이를 위해 큰 소
리로 곡을 하며 그 넋
을 기렸어요.

**무덤**
가문과 자손의 번창을
위해 명당이라 불리는
자리에 묻혔어요.

효자문

### 효자문

조상들은 부모님께 효도하는 일을 중요하게
여겼어요. 이를 널리 권장하기 위해 세운 붉은 문을
'효자문'이라고 해요. 이 문은 보통 마을 입구나
집 문 앞에 세웠어요. 효자문은 보통 효자를 기리고자
나라에서 준 표창이에요. 그래서 집안은 물론 그 마을의 큰
자랑이었어요. 반대로 부모에게 불효하면 엄한 벌을 내렸지요.

### 홍살문

🔍 **홍살**
대문이나 중문 위에 만
들어 댄 붉은 색의 창살
이에요.

🔍 **위패**
신이나 왕의 이름을 적
은 나무판이에요.

신성한 제사를 드리는 곳에 홍살문을 세웠는데, 나쁜 일을 막아
주거나 신성한 지역임을 알리는 경계의 구실을 하지요. 왕릉, 궁전,
관아, 서원, 향교, 절 등에 홍살문을 세웠어요. 그 중에서 관아에
홍살문을 세운 이유는 그 옆에 왕의 위패를 모신 객사가 있었기
때문이에요. 조선 후기에는 부잣집에서 과시의 수단으로 솟을대문
위에 간단히 홍살을 붙이기도 했어요. 뒤에 둘러볼 양반집의 대문을
살펴보면 잘 알 수 있어요.

## 옛 여자들은 이렇게 살았어요

바깥활동이 많은 남자들에 비해 여자들은 결혼 전에는 수놓기나 바느질 등을 배웠고,
결혼 후에는 가정을 돌보는 데 많은 시간을 보냈지요.

**탄생**
아이가 태어나면 금줄
을 치고 외부의 접근
을 막았어요.

**돌잔치**
태어나서 처음 맞은
생일날 건강하게 자라
기를 기원했지요.

**전통놀이**
나이가 들면 바깥출입
보다는 널뛰기 같은
놀이를 즐겼어요.

**공부**
집에서 글을 익히고
수놓기, 옷 만들기 등
을 배웠어요.

**결혼**
남성의 위치에 따라 여
성의 삶이 결정되는 매
우 중요한 일이었어요.

## 연자방아

효자문을 지나 마을 안쪽으로 들어가면 연자방아가 있어요. 방아는 곡식의 껍질을 벗기거나 가루로 빻는 데 쓰였어요. 요즘은 기계로 쉽게 찧지만, 옛날에는 며칠에 한 번씩 많은 시간과 땀을 흘려 방아를 찧었어요. 방아는 사람의 힘을 이용한 절구·맷돌·매통·디딜방아, 물의 힘을 이용한 통방아·물레방아와 가축의 힘을 빌려 돌리는 연자방아 등이 있어요. 이 중 디딜방아나 물레방아, 연자방아는 마을 공동으로 이용했지요. 옛날에는 소의 힘을 빌리지 않으면 농사를 지을 수 없을 정도로, 소는 소중한 가축이었어요. 한 해 농사를 잘 짓기 위해서 옛 사람들은 매년 정월 첫 번째 축일(丑日)을 소의 날이라 하여 그날만큼은 소에게 일을 시키지 않고 쇠죽에 콩을 듬뿍 넣어 하루 동안 잘 먹였어요.

🔍 **매통**
벼의 겉겨를 벗기는 농기구예요.

🔍 **디딜방아**
발로 디뎌 곡식을 찧거나 빻게 한 방아예요.

🔍 **통방아**
큰 나무토막이나 돌에 길쭉하게 구멍을 파서 쓰는 방아로, 구유방아 라고도 해요.

### 소도 옷을 입었다?

소는 다른 가축에 비해 추위에 약해서 겨울에는 깨끗한 거적으로 등을 덮어 주었어요. 소도 겨울에는 보온을 위해 옷을 입은 셈이지요.

**시집살이**
낯선 시집의 전통이나 살림살이를 배워야 했어요.

**출산과 육아**
자손을 낳아 대를 잇는 것은 어머니의 중요한 역할이지요.

**환갑 잔치**
자손이 번창하고 장수를 축하하는 집안의 큰 잔치예요.

**장례식**
죽은 이를 위해 3일 동안 그 넋을 기리며 위로했지요.

**무덤**
가문과 자손의 번창을 위해 명당을 찾아 조상을 모셨어요.

# 농부들이 살았던 집, 농가

이제 마을 안쪽으로 깊숙이 들어와 우리의 옛 집을 살펴보아요.
초가집과 기와집을 볼 수 있답니다. 초가집과 기와집도 지역의
기후와 풍토에 맞게 변화, 발전하여 지역에 따라 그
모습이 달랐어요.

### 의미가 담겨 있는 문

우리 조상은 행복과 불행도 문으로
드나든다고 여겼어요. 그래서 우리
조상은 문에도 의미를 담았어요.
행운을 기리고 재앙을 막기 위하여
아기를 낳으면 금줄을 대문에 걸었
어요. 입춘에는 좋은 운수가 가득
하기를 바라며 '입춘대길' 이라고
쓴 글을 대문에 붙여 한 해 동안 가
정의 행운을 빌었어요. 또 방문 위
에도 부적을 붙여 재액을 물리쳤어
요. 그중 부적을 가장 많이 붙인 것
은 방문 위였어요.

### 살림이 넉넉했던 부농의 집

초가집이지만 나름대로 격식을 잘 갖춘 집이에요.
그중 남부 지방의 집은 더운 여름에 대비하여
시원한 구조로 지은 것이 특징이에요. 그중 하나가
방과 방 사이에 마루를 둔 거예요. 마당으로 나오면

높이 세워 놓은 긴 장대가 있어요. 이것은 볏가릿대라고 부르는 것이에요. 풍요와 다산을 기원하는 의미로 정월 보름 전날 마당에 세웠지요. 다음은 대문 위를 볼까요. 옛날에는 액운을 가져오는 잡귀가 접근하지 못하도록 **엄나무**를 대문간 옆에 심거나 문 위에 매달아 놓았어요.

엄나무
재앙을 막기 위해 처마 밑에 걸어 두었어요.

🔍 엄나무
음나무라고도 해요. 재목은 가구재, 나무껍질은 한약재로 쓰여요.

초가집 지붕에도 눈여겨 볼 만한 것이 있어요. 지붕에 여러 겹 겹쳐 있는 이엉은 매년 가을걷이가 끝나면 탈바꿈을 하지요. 겉의 이엉을 걷어 내서 땔감이나 거름으로 사용하고 새 이엉을 얹는 거예요. 하지만 속의 이엉은 몇 년에 한 번씩 바꾸었어요.

### 매년 옷을 갈아입는 초가 지붕

초가집의 지붕은 짚이나 새 따위를 엮어 만든 이엉으로 만들어요. 그런데 이엉은 시간이 지나면 굼벵이 같은 곤충이 살거나 썩기 때문에 주기적으로 바꿔 주어야 해요. 해마다 가을걷이가 끝나면 새 이엉을 엮은 뒤 지붕의 이엉을 걷어 내고 바꾸었지요. 그리고 지붕을 잘 고른 뒤 처마를 손질했어요.

이번에는 마루 밑이랑 추녀 밑을 살펴보세요. 장작이 빼곡하게 쌓여 있어요. 공간을 활용하는 조상의 지혜가 느껴지지요. 따로 공간을 차지하지 않으면서도 장작이 바짝 말라 불을 지피기에 아주 좋았지요.

마루 밑에 쌓아 놓은 땔감

### 여기서 잠깐!

### 어디에 쓰는 물건일까요?

이것의 이름은 '문고리받침'이라고 하는 것이에요. 방문이 열리는 벽면에다 걸어 놓았어요. 과연 이것은 어떤 용도로 쓰였을까요?

① 문을 열 때 흙벽의 손상을 막기 위한 것
② 문을 연 뒤 다시 닫히지 않게 걸어 놓는 고리
③ 광주리나 도구를 걸어 놓던 고리

문고리받침

☞ 정답은 64쪽에

조왕신

이제 부엌으로 들어가 봐요. 부뚜막에 물그릇이 가지런히 놓여 있지요. 바로 부엌을 지키는 조왕신을 모셔 놓은 것이에요. 매일 아침 일찍 일어나 우물에서 깨끗한 물을 길어다 올려 놓았어요.

그런데 부엌 한쪽에 매달아 놓은 바구니처럼 생긴 것은 무엇일까요?

이것은 채반이라고 부르는데, 바람이 잘 통하는 곳에 매달아 놓고 음식을 올려 놓았지요. 냉장고가 없었던 옛날에는 더운 여름철에 음식이 상하기 쉬웠어요. 그러면 바람이 잘 통해서 시원하니까 음식을 좀 더 오래 보관할 수 있었어요.

이번에는 외양간을 볼까요. 농사를 짓는 집에서 빼놓을 수 없는 곳이지요. 소 밥그릇인 여물통이 있고, 비스듬하게 처리한 바닥 한쪽에 밖으로 빠지는 구멍이 있어요. 바로 소의 오줌이 빠져나가는 곳이지요. 바닥에 넉넉히 깔아 놓은 짚도 보이나요? 이렇게 해 놓은 데에는 다 이유가 있어요. 우선

부뚜막의 채반

## 무명옷 짜기

옷감 짜기는 여성들의 몫이었어요. 여성들은 주로 낮에는 살림과 농사일을 하고, 밤에는 옷감을 짰지요. 고달프고 힘든 일이었지만 가족들을 위해 마다하지 않았어요. 이렇게 만들어진 무명천은 가족들의 옷을 만드는 데 큰 도움이 되었지요. 또한 나라에서도 꼭 필요한 물품이라서 세금을 대신해 내기도 했답니다.

목화 재배
가을이 되면 목화 열매가 익어 핀 솜을 따지요.

씨아질
딴 솜을 씨아에 물리고 돌려서 씨를 빼내요.

소가 미끄러져 넘어지는 것을 방지해 주고, 보온도 돼요. 그리고 짚이 소의 똥과 섞이면 좋은 거름이 된답니다.

이제 마지막으로 화장실을 살펴보아요. 화장실은 보통 집 건물에서 가장 멀리 떨어진 곳에 두었어요. 안을 들여다보면 접은 종이들이 걸려 있어요. 이 종이를 부고장이라고 하는데 좋지 않은 것들은 집 안에 들이지 않았던 풍습 때문에 화장실에 달아 둔 것이에요.

이밖에 똥과 오줌을 나르는 도구들도 화장실에 두었어요. 요즘처럼 화학 비료가 없었던 시기에 똥과 오줌은 작물의 좋은 거름이었지요.

🔍 **부고장**
누군가가 죽었다는 소식을 알리는 편지예요.

여기서 **잠깐!**

### 어디에 쓰는 걸까요?

화장실에 들어가 보면 한쪽 옆에 짚이 쌓여 있어요. 그 이유는 무엇일까요? 아래 보기에서 알맞은 답을 골라 보세요.
① 화장실에서 나는 냄새를 없애 주기 위해서
② 용변을 보고 나서 뒤를 닦으라고
③ 화장실을 청소하는 도구로 쓰기 위해서

☞정답은 64쪽에

**화장실**
짚이 있고 그 위로는 새끼줄에 부고장이 매달려 있어요.

**솜타기**
씨아질이 끝난 솜을 보송보송하게 만들고 씨껍질을 털어 내요.

**물레질**
솜타기가 끝나면 물레를 돌려 옷감을 짜기 위한 실을 뽑아요.

**옷감 짜기**
물레질을 해서 뽑은 실을 베틀에 걸어 짜면 옷감이 완성되지요.

# 다양한 형태의 가신 신앙

　우리 조상들은 집안 곳곳에 신이 있다고 믿었어요. 그래서 대청 마루나 안방, 부엌, 장독대 등 집의 곳곳에 신을 위한 물건을 두고 기원을 빌었어요. 이것을 '가신 신앙' 이라고 해요. 가신은 주로 집안의 번창을 돕고 액운으로부터 가족을 보호하지요. 삼신, 성주신, 조왕신 등이 대표적인 가신이에요. 가신을 모시는 데에는 특별히 정해진 날이나 행사가 있는 것이 아니었어요. 가족의 생일이나 제사 또는 명절에 마련한 음식을 바치고 가족의 건강과 가정의 행운을 빌었어요.

**성주 신앙**
집을 보호하는 신이에요. 가정을 꾸리고 집을 마련하면 모셨지요.

**삼신 신앙**
아이를 갖게 해 달라고 비는 신이에요. 산모와 아이를 돌보는 세 신령을 말해요.

**터주 신앙**
집터의 신이에요. 뒤뜰 장독대 부근에 항아리를 놓고 모셨어요.

**조왕 신앙**
부엌에 있는 불의 신이에요. 새벽녘 부뚜막에 정화수를 떠 놓고 치성을 드렸지요.

**칠성 신앙**
북두칠성을 가리키지요. 장독대 곁에 정화수를 떠 놓고 가족의 평안과 장수를 기원했어요.

# 지역별로 집 모양이 달라요

남부 지방의 부농에 이어 이번에는 각 지역 소농의 집을 둘러보아요. 지역별로 집의 모양이 달랐어요. 남부 지방은 다른 지방보다 무덥고 습기가 많지요. 그래서 남부 지방의 농가는 바람이 잘 통하도록 방과 마루, 부엌을 나란하게 지었어요. 또 방과 방 사이에 마루를 두고 창문과 방문을 많이 만들었지요.

반면 북부 지방에서는 추위에 대비할 수 있게 집을 지었어요. 방들이 서로 붙어 있고 창문은 크기가 작거나 되도록 만들지 않았지요. 그리고 건물은 마당을 둘러싼 형태였어요. 이중 특이한 것은 방과 부엌 사이의 정주간이에요. 주로 여성의 공간이었지만 손님을 맞거나 가족이 식사를 할 때 자주 이용했어요. 또 이곳이 집안에서 가장 따뜻한 곳이라서 할머니가 손자들과 잠을 자기도 했어요. 이 구조는 뒤에 둘러볼 한지 공방에 가면 잘 갖추어져 있지요.

중부 지방의 농가는 남부와 북부 지방의 형식을 절충한 'ㄱ'자형이나, 'ㄴ'자형, 또는 둘이 결합된 'ㄷ'자형이 많아요. 그래서 남부 지방에 비하여 마루가 좁고, 창문도 적었어요.

이처럼 농가의 모습은 지역별로 다른 지형과 기후에 따라 달랐답니다.

**남부 농가**
방과 방 사이에 마루를 두었고 마루 밑에는 땔감을 두었어요.

**북부 농가의 정주간**
부엌과 방이 붙어 있는 함경도 지방에서 흔히 볼 수 있어요.

**중부 농가**
마루가 만들어지기 전의 모습이에요.

# 정겨운 마을 풍경

옹기종기 모인 농가를 뒤로 하고 지금부터는 여유롭게 마을 길을 걸어 볼까요. 우리가 걷는 민속촌의 마을 길은 관람객을 위해서 널찍하게 만들었지요. 하지만 옛날 골목길은 한두 사람이 지날 정도로 좁았어요. 집과 집 사이에는 대개 조그만 텃밭이 있었지요. 골목길을 걸어 보세요. 집을 둘러싸고 있는 다양한 모습의 담장, 마을 사람들의 쉼터인 모정, 마을의 생명줄인 공동 우물, 양반들의 교통수단인 말 등을 볼 수 있어요.

## 담장

민속촌 집들의 담을 둘러보세요. 요즘 담과 비교해 보면 굉장히 낮지요. 옛날에는 담이 왜 이렇게 낮았을까요?

평민 집의 담은 단순히 집의 안과 밖을 구분하는 의미가 컸어요. 즉 공간을 구분하는 데 의미를 둔 것이지요. 그래서 대부분 주변에서 쉽게 구할 수 있는 재료로 담을 간단히 만들거나 아예 만들지도 않았지요.

이와 달리 양반집이나 관아, 궁궐과 같은 상류층 집의 담은 외부와 차단하는 방어적인 성격이 강했어요.

**사괴석**
벽이나 담을 쌓는 데 쓰는 육면체의 돌이에요.

**대나무 담**
대나무를 촘촘하게 엮어서 만든 담이에요.

**돌 담**
돌로 쌓은 담으로 바람이 세게 부는 섬 지방에서 많이 볼 수 있어요.

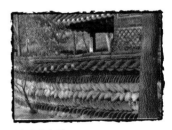

**양반집의 담**
나무, 돌, 기와 등 여러 재료로 예술적 형태를 고려했어요.

그래서 그 집에 사는 사람의 신분에 따라 담의 모양도
달랐지요.

양반들은 여러 가지 색채로 글자나 무늬를 넣은 화초담 등
고급 기술을 이용하여 튼튼하고 세련되게 담을 쌓았지요.
담의 지붕은 집의 몸체에 따라 초가나 기와를 올렸는데
신분이 올라갈수록 담도 높아 갔어요.

평민 집에는 나무로 만든 울타리나 주변의 돌을 다듬지
않고 쌓은 돌담, 그리고 흙을 짚과 섞어 만든 흙담으로
둘렀어요.

상류층 집에는 사괴석 담장이나 벽돌담, 화초담을 쌓았지요.
특히 대갓집이나 관아 같은 고급 건물에는 집 안에 또 다른
담이 있었어요. 집 안 각 건물의 쓰임에 따라 담을 만들어
공간을 적절히 나누었지요.

**관아의 담**
담 너머로 또 담이 있었어요.

**궁궐 담**
갖가지 아름다운 문양으로 예술성
을 갖추었어요.

**싸리 울타리 담**
가장 흔한 담이에요. 울타리라기보
다 집의 안과 밖을 구분했어요.

**담 주변의 봉숭아**

옛날에는 담 주변에서 가
장 많이 볼 수 있었던 꽃
이 봉숭아였어요. 그 이
유는 봉숭아가 액운을 막
아 준다고 믿었기 때문이
었어요.

### 모정

담장을 다 보았으면 마을과 들녘
한쪽에 있는 모정을 보아요.
농민들이 한여름에 일을 하다
더위를 피하여 잠시 쉬는
곳이에요. 때로는 마을 사람들이
마을의 크고 작은 일을 의논하는
회의 장소로도 쓰였어요. 양반들의 휴식처인 **누정**과 달리 모정은
마루가 낮고 지붕에 초가를 올렸어요.

모정은 주로 호남 지방에서 많이 볼 수 있어요.
영남 지방에서는 평상 문화가 발달했지요.

🔍 누정
누각과 정자를 아울러
이르는 말이에요.

### 우물

모정을 지나면 마을 가운데에 공동 우물이 있어요. 부엌에서
쓸 물을 기르기 위해, 마을 아낙네들이 모이다 보니 우물가는
빨래터와 함께 잡다한 동네의 여러 가지 소문들이 전해지는

**용알 뜨기**
남보다 먼저 물을 길어 밥을 지어 먹으면 그해 농사가 잘
된다고 믿었어요.

**물 훔치기**
우물물이 풍부한 마을의 물을 자기 마을의 우물까지
흘리면서 물줄기가 이어지게 했어요. 그리고 남은 물
을 자기 마을의 우물에 부으면 우물물도 풍부해지고
물맛도 좋아진다고 믿었지요.

곳이기도 했어요.

우리 생활에 꼭 필요한 물을 제공해 주는 샘물과
우물은 마을 사람들에게 무엇보다 귀중했어요. 그런
탓에 우물에는 재미있는 신앙과 풍습이 생겨났지요.
물이 늘 깨끗하고 끊이지 않기를 기원하는 우물굿,
아낙네들이 대보름날 남보다 먼저 물을 길어 오던
용알뜨기와 같은 풍습은 지금은 많이 사라졌답니다.

양반들과 달리 백성들은 집에 우물이 없어
공동우물을 두고 마을 사람들이 함께 사용했지요.

## 우리나라의 세시 풍속

우리 조상들은 예로부터 계절마다 정해진 세시 풍속을 따랐어요.
때가 되면 조상에게 감사의 인사를 올리며 온가족과 이웃이 함께 즐겼어요.

**설날(1월 1일)**
새해 첫날로 어른들께 세배하고
떡국을 끓여 먹지요.

**정월대보름(1월 15일)**
1년 동안 아무 탈 없기를 바라며
부럼을 깨물어요.

**삼짇날(3월 3일)**
진달래 꽃으로 화전을 지져 먹는
화전놀이를 했어요.

**한식(4월 5일 혹은 6일)**
조상의 묘를 찾아 성묘하고
농작물의 씨를 뿌리지요.

**단오(5월 5일)**
액을 물리치는 의미로 창포물에
머리를 감거나 그네를 뛰었어요.

**유두(6월 15일)**
더위가 한참인 여름에 시원한 물
에 머리를 감고 몸을 씻지요.

**칠석(7월 7일)**
여자들이 길쌈을 잘할 수 있도록
직녀성에게 빌었어요.

**백중(7월 15일)**
농사에 시달렸던 머슴이나 일꾼들
이 마음껏 놀 수 있는 날이에요.

**추석(8월 15일)**
햇곡식을 차려 조상님께 인사를
올려요.

**중양절(9월9일)**
추석에 햇곡식이 나지 않았던
지방은 이때 차례를 올렸지요.

**상달(10월)**
집안의 안녕을 위해 가신들에게
올리는 의례이지요.

**동지(11월 22일 혹은 23일)**
일년 중 밤이 가장 길고, 팥
죽을 쑤어 먹어요.

23

## 말과 나귀

우물을 둘러보았으면 이제 말을 타고 마을을 한번 돌아볼까요? 말과 나귀는 소와 달리 서민들보다는 양반들의 생활과 밀접한 관계가 있었어요. 왜냐하면 양반들은 외출할 때 탈것과 노비를 꼭 갖추고 다녔기 때문이지요. 양반들의 탈것 중에서 대표적인 것이 바로 말이에요. 말 중에서도 제주도의 조랑말은 다른 말에 비해 덩치가 아주 작아요. 그리고 육지의 다른 말들도 서양의 말보다 작았지요.

말은 귀한 만큼 노비보다 가격이 높았어요. 나라에서는 말을 소중히 여겨 직접 관리를 두어 기르게 했을 정도예요. 관리가 말을 소홀히 다뤄 죽게 되면 유배까지 갈 정도였어요.

하지만 검소함을 자랑으로 삼는 선비들은 말 대신 가격이 낮은 나귀를 즐겨 탔어요. 나귀는 말보다 느리지만 번식력이 뛰어나고, 힘과 끈기가 좋아 먼 길을 가기에 적합했지요.

**조랑말**
몸집이 작은 종자의 말이에요.

**나귀**
몸집이 작고 앞머리의 긴 털이 없으며 귀가 길어요.

# 역원제

옛날에 가장 빠른 이동 수단은 말이었어요. 나라의 중요한 일이나 외적의 침입 같은 급한 일이 생기면 빨리 알려야겠지요? 그래서 만든 것이 역원이에요. 관리들이 밥 먹고 잠자고 말도 갈아탈 수 있도록 만든 시설이지요.

역은 약 30리(12킬로미터)마다 설치했어요. 말은 평균 30리를 달리고 나면 지치기 때문이지요. 전국적으로 500여 개가 있었고, 왕이 파견한 관리는 마패를 보여 주면 말을 갈아탈 수 있었어요.

원은 공적인 임무를 띠고 있었어요. 파견되는 관리나 상인 등 공무 여행자에게 식사와 잠자리를 제공하는 공공 여관이었어요. 흔히 역과 함께 설치했어요. 교통 사정이 원활하지 못한 옛날에는 여행자를 도둑이나 맹수로부터 보호하기 위하여 설치했기 때문에 일반 행인에게도 휴식 및 잠자리가 제공되기도 했어요.

# 으리으리한 양반집, 남부 대가

　앞에서 평민들이 사는 집을 둘러보았더니 이제 슬슬 양반집이
궁금해진다고요? 그럼 이제 양반집을 둘러볼까요? 일반적으로
양반집은 평민 집보다 크고 지붕이 기와로 이루어져 있어요.
집 내부는 남녀나 집안에서의 역할과 위상에 따라 각각의 공간이
마련되어 있지요. 양반집의 전체적인 틀은 우리나라 어느 지역을
가나 크게 변함이 없어요.

　우뚝 솟은 솟을대문의 오른쪽으로 손님들의 말을 임시로 매어 두는
곳이 있어요. 그 앞의 돌은 편하게 말을 타고 내릴 수 있도록 발을 디
디는 곳이에요. 말에서 내린 다음에 솟을대문을 지나 안으로
들어갔답니다. 그런데 왜 이렇게 대문을 높게 만들었을까요?
양반들은 평민들 앞에서 위엄을 보이려고 외출할 때 말이나 가마를

타고 다녔는데 이때 초헌이나 가마가 잘 지나게 하기 위해서였어요.
솟을대문은 처음에는 초헌이나 가마를 타고 집 안까지 출입하기
위해 만들어졌는데, 나중에는 양반집의 상징이 되었어요. 대문 양
옆에 보이는 방들은 하인들이 머무는 문간방이에요.

　마당으로 들어가니 가운데에 정원이 있네요. 이처럼 마당 가운데에
정원을 꾸민 이유가 뭘까요? 옛날에는 남녀의 구분이 엄격하여
여자들의 공간인 안채가 외부에 드러나는 것을 꺼렸기 때문이에요.
대신 큰 집들은 안채와 사랑채 사이에 담을 두었어요. 그렇지 못한
집은 대문에 들어선 손님에게 안채를 가릴 수 있도록 마당 가운데에
정원을 둔 거랍니다.

🔍 초헌
조선 시대 때 벼슬아치
가 타던 수레예요. 긴 줏
대에 바퀴 하나가 달려
있고 위로 앉는 의자가
있어요. 앞 뒤로 달린 두
개의 긴 채를 노비들이
끌었지요.

솟을 대문

사랑채

정원

## 사랑채

　정원을 지나면 남자 주인의 공간인 사랑채가 나와요. 사랑채는
집 바깥의 주인이 거처하여 손님을 접대하는 곳이에요. 저기 높고
넓은 누마루가 보이나요? 집안을 다스리고 식구들을 거느리려면
위엄이 있어야 했어요. 누마루에 올라서 하인을 내려다 보면 바깥
주인의 권위가 한층 돋보였지요. 그래서 관아에서 수령이 통치하던
장소도 마루였어요.

　평민 집과 달리 양반집은 마루에 문짝을 두었어요. 집의 중앙
마루에는 수호신인 성주를 모셨지요. 집 안에서 가장 깨끗한 장소로
여겨 잠을 자거나 손님을 접대하지는 않았지요.

사랑채는 평상시 바깥 주인의 생활 공간이지만 공부방의 역할도 했지요. 손님 접대도 이곳에서 이루어졌어요. 그리고 자녀들의 교육을 위한 교실이기도 했어요. 옛날 대갓집의 아들은 사랑채에서 훈장님을 모시고 공부하고 생활하며, 남자로서의 역할을 배워 나갔거든요.

**사랑채에서 공부하는 모습**

🔍 **대청**
한옥에서 집 몸채의 방과 방 사이에 있는 큰 마루예요.

🔍 **가묘**
한 집안의 사당을 가리켜요.

하지만 평민 가정의 아이들은 서당에 가서 글공부를 했어요. 기초 교육이 모두 서당에서 이루어졌지요. 어린아이는 물론 어른들까지 서당에서 공부했어요.

조선 시대는 남녀의 구분이 엄격하여 남자만이 서당에서 공부할 수 있었어요. 보통 여자들은 가정에서 개인적으로 공부했지요. 서당은 일제 강점기까지도 남아 있었어요. 그때는 몇몇 여자들도 서당에 다녔지요.

사랑채 방 사이에는 작은 **대청**이 있어요. 대청 안쪽에는 위패를 모셔 놓은 단이 설치되어 있지요. 양반들의 가장 중요한 행사 중 하나가 집안 제사였어요. 보통 집안 최고 어른으로부터 4대의 조상 위패를 모셔 놓고 제사를 지냈지요. 격식을 잘 갖춘 부유한 집에서는 위패만을 모셔 놓은 **가묘**를 설치했어요. 그렇지 못한 집은 대신 사랑채 대청에 위패를 모셔 놓았지요. 이런 까닭에 대청에는 잡스러운 것들을 놓지 않았어요.

이제 안주인의 생활 공간인 안채로 가요. 그곳은 사랑채와 어떻게 다를까요?

### 절도 아닌데 웬 풍경?

풍경이 달린 것을 보고 집주인이 독실한 불교 신자라고 생각할 수도 있어요. 그러나 조선 시대의 양반들은 불교를 업신여겼어요. 여기에 달린 풍경은 장식용이에요. 불교는 배척했지만 바람소리에 묻혀 들려오는 은은한 풍경 소리는 즐겼던 것이죠.

안채

## 안채

여자 주인의 공간인 안채에도 대청이 있어요. 사랑채의 대청과 어떻게 다를까요? 안채는 살림을 하는 곳이기에 안살림과 관련된 것들을 안대청에 두었어요.

대청 앞 둥근 기둥이 보이지요. 원래 둥근 기둥은 궁궐, 관청, 서원, 절 등에서만 사용할 수 있었어요. 민가에서는 사각 기둥을 세우지요. 하지만 지방의 세력가들이 이를 어기고 둥근 기둥을 쓰기도 했어요. 중앙의 기강이 혼란할 때 이런 경향은 더욱 두드러졌지요.

이제 옆 마당으로 가 보세요. 솥을 얹을 수 있는 화덕을 별도로 설치한 것이 있어요. 양반집은 손님이 많아 음식을 자주 만들어야 했어요. 그런데 더운 여름철 아궁이에 계속 불을 지피면 방 안이 너무 더워 이렇게 밖에 별도로 설치한 것이에요. 어때요, 조상의 지혜를 엿볼 수 있지요.

안채는 안주인이 모든 일을 이끌었기 때문에 일하는 사람도 여성이었어요. 주로 딸들은 안채에서 지내면서 훗날 안주인이 되면 갖추어야 할 덕목들을 미리 익혀 나갔지요.

🔍 **기둥**
주춧돌 위에 세워 들보나 도리 등을 받치는 나무예요.

🔍 **화덕**
쇠붙이나 흙으로 아궁이처럼 만들어 솥을 걸고 쓰는 큰 화로예요.

솥을 얹어 음식을 하는 화덕이에요.

돌로 만든 조그만 화덕은 한약을 달이는 데 사용했어요. 양반들은 건강을 위해 한약을 자주 먹었어요.

### 여기서 잠깐!

### 광 속에는 무엇이 있을까요?

오른쪽에 보이는 사진은 여러 가지 물건을 넣어 두는 광이에요. 광 속에는 어떤 물건들이 있는지 찾아보고 적어 보세요.

_____

_____

☞ 정답은 64쪽에

29

아흔아홉 칸 양반집

지금까지 양반집의 안채까지 살펴보았어요. 지금부터는 넓디넓은 아흔아홉 칸 양반 집을 살펴볼 차례예요. 옛날에는 아무리 부자여도 집을 아흔아홉 칸 이상 지을 수 없었어요. 각 도에 고작 한두 채뿐이었지요. 아흔아홉 칸 집은 무엇을 말하는 것일까요? 혹시 아흔아홉 칸 집이라고 해서 방의 개수를 세어 본 것은 아니겠지요. 아흔아홉 칸 집은 방의 개수가 아니라 건물의 기둥과 기둥 사이의 공간을 말하지요. 이것을 한 칸이라고 한답니다.

조선 시대에는 아무리 지체가 높은 양반집이라고 해도 이렇게 아흔아홉 칸 이상의 집에서는 살 수가 없었어요. 오직 나라를 다스리는 왕만 백 칸이 넘는 집을 지을 수 있었어요. 그래서 아흔아홉 칸 집은 부잣집에서 가질 수 있는 가장 큰 집이었지요.

살림채는 앞선 양반집에서 살펴보았으니 이곳에서는 별당과 가묘를 중심으로 보아요.

**별당**
몸채의 곁이나 뒤에 따로 지은 집이나 방으로 혼인 전의 딸들이 지내던 곳이에요.

집의 주요한 공간은 담으로 나뉘어 있어요. 대문 양옆에는 마구간과 가마간이 있지요. 요즘의 차고와 같은 곳이에요. 대갓집 여인들은 외출할 때 가마를 타고 다녔어요. 가마의 가격도 말처럼 매우 비쌌지요.

이곳을 지나 혼인 전의 딸이 지냈던 별당으로 가 보세요. 옛날에는 함부로 접근할 수 없었던 곳이에요. 딸들은 이곳에 머무르면서 글공부도 하고, 수를 놓거나 옷을 짓는 등 시집가서 살아가는 데 필요한 것들을 배웠어요.

보통 별당은 안채 뒤쪽이나 정원 깊숙이 있어 외부와 철저히 차단되었지요. 양반집 여자들은 외부 사람과 접촉을 피하느라 되도록 외출을 삼갔어요. 외출을 하더라도 장옷으로 얼굴을 가렸어요. 더구나 시집을 안 간 딸들은 더욱 엄격했지요.

**여자들의 외출복, 장옷**
예전에, 여자들이 나들이할 때 얼굴을 가리기 위하여 머리에서부터 길게 내려 쓰던 옷이에요. 본래는 여성들의 겉옷이었는데, 시간이 지나면서 나들이옷이나 결혼식 예복으로 사용되었지요.

별당을 다 둘러봤으면 가묘를 살펴보기로 해요. 가묘는 집에서 가장 신성한 공간이에요. 집안의 조상을 모시는 곳이거든요. 가묘의 바닥에는 전돌만 깔고 구들은 설치하지 않았지요. 사람이 잠자는 공간이 아니었기 때문이에요. 가묘 안에는 조상의 혼이 담겨 있는 위패가 있었고 보통 밤나무로 만들었지요.

🔍 **전돌**
건물을 지으면서 벽을 장식하거나 바닥에 깔았던 돌이에요.

고을에
오신 것을
환영해요.

한약방

동헌

# 옛 마을의 중심, 고을

　여기 저기 흩어져 있는 마을들의 중심은 넓은 고을이었어요. 지역 생활의 중심지인 고을에서는 그 지역을 통치하는 관아를 비롯해 의원, 장터도 있었어요. 사람들은 고을 안에서 생활에 필요한 모든 것을 얻었어요. 평생 동안 고을 밖을 벗어나 보지 못한 사람도 많았어요. 특히 여자들은 더욱더 그러했어요. 그러나 양반들은 활동 범위가 고을을 넘어 매우 넓었어요. 먼저 그렇다면 민속촌의 고을에서는 무엇을 볼 수 있나을까요? 먼저 한의원으로 가서 옛 사람들의 질병 치료법을 살펴보고, 고을의 중심인 관아에도 가 보세요. 관아의 중심 건물인 동헌에 가서 사또도 만나보아요. 다음으로 한지 공방으로 가서 한지 만드는 것도 보고, 정주간이 있는 함경도 집의 양식도 구경해요. 좀더 발걸음을 옮기면 옛 사람들의 삶이 어우러지는 장터에서 여러 공방들을 볼 수 있어요. 그런 뒤에는 맛있는 음식을 먹으면서 출출해진 배를 달래면서 장터의 맛과 멋을 음미해 보세요.

종이 공방

# 건강을 돌보는 한의원

우리는 몸이 아프면 병원을 찾아가지요. 옛날에도 몸이 아프면
의원을 찾아갔어요. 하지만 양반들은 의원을 직접 집으로
불렀어요. 요즘처럼 조선 시대에도 의원과 약국이
분리되어 있었답니다. 의원이 진찰을 하고
처방전을 주면 환자나 가족은 약국에서 약을
처방해 먹었어요. 한방에서 병을 치료하는
방법에는 크게 두 가지가 있어요.

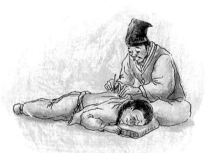

**침 놓기**
서민들까지 두루 이용했어요.

첫째는 침구법이에요. 몸의 경락에 침을 놓거나
뜸을 떠서 기의 흐름을 바로잡아 치료하는 방법이지요.
둘째는 약물 치료예요. 의원의 처방에 따라 지은
한약을 먹어 치료하는 방법이지요. 전체적으로는
몸을 튼튼하게 하면서 병을 치료해 주어요.
옛날에는 요즘처럼 약재가 풍부하지 않았어요.
그래서 양반들은 가족의 건강을 위하여 중요한

**약 먹기**
양반들이 주로 이용했어요.

약재를 정성껏 모아 놓았어요. 귀한 약은 한 제(약 10~15일 분량) 가격이 서울의 양반 기와집 두 채에 이를 정도였어요.

한의원에서 볼 수 있는 약봉지와 인체 그림이에요.

요즘은 병에 따라 의사들의 진료 분야가 나뉘어 있지만, 옛날에는 그렇지 않았어요. 대신 분야별로 명의가 있었지요. 따라서 명의의 좋은 처방전을 모아 두는 것은 가족의 건강에 큰 도움이 되었어요. 개인의 병력을 오늘날에는 병원에서 진료 카드를 만들어 관리하지만, 옛날에는 각 가정에서 꼼꼼히 기록하여 놓았다가 병이 발생하면 의원에게 보여 주었어요.

약은 대개 병을 치료할 때 먹었지만 건강 관리를 위해서도 먹었어요. 요즘도 전보다 몸이 힘들거나 지쳐 있다고 느낄 때면 기력을 보충하기 위하여 한약을 먹지요.

병원에 가면 사람 몸의 각 부위를 정밀하게 그려 놓은 그림을 볼 수 있지요. 옛 한의원에서도 사람의 경락을 그려 놓은 그림이 있었어요. 침을 넣어 두는 침통과 종류별로 약을 정리한 약장도 있지요.

🔎 **병력**
지금까지 앓은 병의 종류와 그 원인, 병의 진행 결과와 치료 과정 따위를 말해요.

🔎 **경락**
우리 몸 안의 경맥과 낙맥을 말해요. 온몸의 기와 혈을 운행하고 각 부분을 조절하는 통로지요. 이 부분을 침이나 뜸으로 자극하여 병을 낫게 해요.

여기서
**잠깐!**

### 옛날의 가정 상비약은 무엇이었을까요?

요즘 각 가정에 간단한 응급처치를 위해 구급약을 두고 있지요?
옛날에도 응급 처치를 위한 구급약이 있었어요. 각 가정에 있는 것이었지요.

▶**힌트** 국을 끓이거나 나물을 무칠 때 주로 쓰지요. 국물 맛과 냄새가 구수해요.

정답은 64쪽에

# 우리 조상은 무엇으로 옷을 해 입었나요?

우리나라는 사계절이 뚜렷하여 계절에 따라 옷을 달리 입었지요. 그만큼 옷을 만드는 재료가 다양했어요. 그중 가장 널리 사용하고 중요하게 여겼던 옷감은 크게 네 가지가 있어요.

여름철 필수 옷감으로는 시원한 삼베와 모시가 있지요. 삼베와 모시 모두 식물의 줄기에서 추출한 것으로 실에 잔털이 없어 시원하고 피부에 달라붙지 않아요. 또 옷감 조직도 구멍이 많이 뚫려 있어 바람이 잘 통했어요. 그리고 모시는 모시풀의 껍질로 실을 만들어 짠 옷감으로 삼베보다 희고, 부드러워요. 하지만 재배 조건이 까다로워서 충청도, 전라도, 경상도 일부에서만 재배했어요. 그 탓에 가격이 비싸서 일부 계층에서 주로 입었지요.

겨울철 몸을 따뜻하게 보호해 주는 옷감으로는 무명과 비단(명주)이 있어요. 무명과

## 🔲 명주 옷감 짜기

명주는 뽕나무를 키워서 그 잎으로 누에를 키우고, 누에가 만든 누에고치에서 실을 뽑아 베틀에 걸어 짠 것이지요. 옷감 짜는 일은 여자들의 중요한 일과 중의 하나였어요.

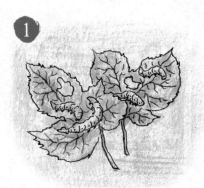

**누에치기**
뽕잎을 깔고 누에를 키워요.

**누에고치 수확**
누에가 자라면서 실을 토해내면서 타원형의 고치가 완성되면 수확할 때가 된 거예요.

비단은 옷감이 아주 부드러워서 몸에 잘 붙지요. 명주는 촘촘하고 무명은 솜털이 많아 따뜻해요. 무명은 목화에서 실을 뽑아 만든 것으로 사계절 필수 옷감이에요. 비단은 누에고치에서 실을 뽑아 만든 것으로 윤이 나고 부드러워요.

앞에서 살펴본 옷감도 각각 그 값어치가 다르답니다. 당연히 신분에 따라 사용하는 옷감의 재료도 달랐지요. 생활이 넉넉지 못한 평민들은 삼베나 무명으로 옷을 만들었어요. 하지만 생활이 넉넉한 양반들은 삼베, 무명은 물론이고 아주 비싼 모시나 비단으로 옷을 만들어 입었지요.

옛날에는 옷감이 아주 귀중한 것이라서 돈의 역할을 대신하기도 했어요. 백성들이 나라에 세금을 낼 때나 임금이 공을 세운 신하에게 상을 내릴 때 옷감으로 대신하기도 했어요.

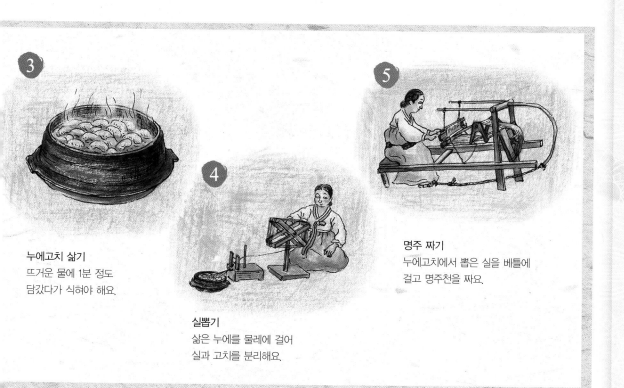

**누에고치 삶기**
뜨거운 물에 1분 정도
담갔다가 식혀야 해요.

**실뽑기**
삶은 누에를 물레에 걸어
실과 고치를 분리해요.

**명주 짜기**
누에고치에서 뽑은 실을 베틀에
걸고 명주천을 짜요.

# 마을을 관리하던 관아

선정비

🔍 화적
떼를 지어 돌아다니며
재물을 마구 빼앗는 사
람들을 뜻해요.

🔍 민란
포악한 정치 등에 반대
하여 백성들이 일으킨
폭동이나 소란을 말해요.

여러 마을을 관리하고 다스리던 관아를
둘러보기로 해요. 관아의 건물들은 그
지역에서 가장 권위 있는 곳답게 위엄 있게
만들어졌어요. 그런데 관아로 가다 보면 길
옆에 무덤도 없이 나란히 서 있는 비석이 보여요.

이것은 고을을 다스린 수령 중에서 훌륭한 분들을 기리기 위하여
세운 비석인 선정비예요. 이곳을 지나면 무척 높은 담이 눈길을
끌어요. 바깥에서 안의 모습을 전혀 들여다볼 수 없고, 담을 넘을
수도 없겠다고요? 담을 이렇게 높이 쌓인 것은 관아가 아주 중요한
곳이기 때문이에요. 화적 때나 민란이 일어날 경우 공격의 대상이
되므로 방어하려는 목적도 있지요.

외삼문

외삼문 위층 누각에 있는 북

관아에 들어서서 수령이 있는 곳까지 가려면 두 개의 문을 지나야 해요. 그 첫 번째 문이 외삼문이에요. 외삼문은 굉장히 높은 누각으로 되어 있고, 큰 문이 달려 있지요. 세 칸으로 나뉜 양쪽 문은 건장한 병사들이 지키고 있어요. 이 중 가운데 문은 수령만이 다녔어요. 관아에 근무하는 사람이나 찾아온 사람은 양쪽의 문을 이용했지요. 위층 누각은 평소에는 휴식 공간이었지만, 비상시에는 지휘소의 역할을 했어요. 여기 있는 큰 북은 비상시에 쓰기 위한 것이었어요.

외삼문 안 양쪽에는 마구간, 창고, 그리고 방이 있어요. 방은 관아에 찾아온 사람들이 순서를 기다리는 대기소나 관아에 근무하는 사람들의 사무실로 썼어요.

두 번째 문인 내삼문을 지나면 바로 수령 앞으로 나아가게 돼요. 외삼문과 내삼문의 문짝을 보세요. 일반 집과는 비교할 수 없을 정도로 굉장히 크지요.

내삼문을 지나면 웅장한 건물이 보여요. 이곳이 바로 수령이 업무를 보는 동헌이에요. 고을을 다스리는 중심이 되는 공간으로 관아에서 가장 중요한 곳이지요. 수령의 개인 생활 공간인 내아와 구분되어 있었고 보통 그 동쪽에 있어서

관아의 문

외삼문 밖으로 멀찍이 떨어진 곳에 홍살문이 있었어요. 이 문부터가 관아의 실질적인 영역이라고 할 수 있지요. 그래서 홍살문과 외삼문 사이의 공간은 일반인들이 함부로 지나다닐 수 없었어요.

동헌

형틀

동헌이라고 불렸어요. 고을의 여러 가지 일을 처리하거나 재판도 열렸기 때문에 동헌 앞뜰에는 죄인을 벌줄 때 쓰는 형틀이 있어요.

동헌을 중심으로 둘러싸고 있는 건물은 용도에 따라 나뉘어 있어요. 부엌도 있고, 죄인을 다룰 때 쓰는 각종 기구를 보관하는 곳도 있지요.

이번에는 죄수들을 가두어 두었던 옥사로 가 볼까요? 민속촌의 옥사는 일렬로 배치되어 있지만 실제 옛날 옥사는 관아 입구 안쪽에 둥그런 담으로 둘러싸여 있었고 병사들이 항상 지키고 있었지요.

옥방

요즘과 달리 옛날에는 죄수들에게 나라에서 식사를 주지 않았어요. 그래서 식사 때가 되면 죄수들에게 밥을 넣어 주는 죄인의 가족들 때문에 주변이 붐볐어요. 그러나 가족이 없는 죄수들은 감옥에서 짚신을 삼는 등 일을 해 밥값을 벌어야 했어요.

## 옛날에는 죄를 지으면 어떤 벌을 받았나요?

옛날에는 죄인의 신분에 따라 다른 벌을 내렸어요.

평민과 천민에게는 태형부터 사형까지 모든 벌을 내릴 수 있었어요. 하지만 양반과 왕족은 주로 유형을 받았지요. 사형을 할 때 평민과 천민은 목을 매달았고, 양반이나 왕족에게는 사약을 내렸어요. 하지만 반란을 일으킨 경우에는 신분의 구별없이 목을 베었어요. '곤장'은 군대나 큰 도적에게만 행했던 벌이에요. 그 외의 사람이 곤장을 맞는 일은 드물었어요. 그리고 도형과 유형에 관한 기록은 잘 남아 있지 않답니다.

태형
회초리로 엉덩이를 10~50대까지 때려요.

99대요~

장형
회초리로 엉덩이를 60~100대까지 때려요.

이제 옥사를 지나 고을의 안녕과 풍요를 비는 부군당으로 가 보세요. 부군당은 고을에 부임한 수령이 가장 먼저 들러 앞날의 행운과 고을의 평화를 빌었던 곳이에요.

부군당

관아에서 마지막으로 둘러볼 내아는 수령이 업무를 마치고 머무는 개인 생활공간이에요. 전체적인 구조는 양반집의 안채와 비슷하고 내아의 행랑채에 머무는 사람들이 수령의 개인적인 생활을 거들었어요. 고을 사또의 임기는 보통 900일 안팎이었어요. 그러나 최대 1800일을 넘지 않았고 개인적인 관련이 있는 고향 같은 곳에는 근무할 수 없었어요. 그리고 긴 임기 동안 가족들을 근무지에 함께 갈 수도 없었어요. 가족들은 집에 남아 있어야 했지요. 수령은 대부분 혼자 부임했는데 혹시 개인적인 감정이나 이익을 실어 일을 처리할 수도 있기 때문이었어요. 그래서 관리가 되면 가족을 1년에 몇 차례 만나는 것이 고작이었으니 가족에 대한 그리움이 무척 컸어요.

도형
먼 곳으로 보내서 1~3년 동안 일을 시켜요.

유형
왕이 용서할 때까지 아주 멀고 험한 곳으로 보내요.

사형
사람을 해치는 몹시 나쁜 사람은 사형을 내렸지요.

41

# 종이를 만드는 공방

종이 공방

종이 만드는 기술은 중국에서 발명되어 우리나라에는 삼국 시대에 전해진 것으로 알려져 있어요. 우리 조상은 이 기술을 더욱 발전시켜 아주 뛰어난 종이를 만들었어요. 그럼 우리 한지가 어떤 면에서 우수한 종이라고 여겨지는지 알아볼까요.

🔍 섬유질
섬유로 이루어진 물질이에요.

첫째, 한지는 종이에 섬유질이 그대로 남아 있어서 아주 질겨요.

둘째, 붓으로 글씨를 쓸 때 먹물이 고루 먹히고 잘 번지지 않아요.

셋째, 수명이 아주 길어요. 오늘날 우리가 쓰는 종이는 100년이 채 못 되어 삭고 말지만, 한지는 수백 년이 흘러도 원래의 성질을

## 한지 공방

지금은 종이를 공장에서 대량 생산해 쉽게 구해서 쓸 수 있어요. 옛날에는 종이를 어떻게 만들어 사용했을까요? 옛날 우리 전통 종이인 한지를 만드는 과정을 살펴보세요.

①

닥나무를 채취해요.

②

닥나무 껍질을 벗겨요.

③

닥나무 껍질을 삶아요.

④

닥나무 껍질을 씻어요.

그대로 유지하고 있어요.

넷째, 섬유질과 섬유질 사이에 적당한 공간이 있어 공기와 햇빛이
잘 통과되지요.

한지는 재료의 종류도 다양해요. 닥나무로 만든
한지는 우수하지만 그 양이 충분하지 않아, 닥나무
대신 짚, 풀, 대껍질, 쑥대, 버드나무 껍질을
사용하여 만들기도 하지요.

한지를 만드는 과정은 모두 사람의 손으로
이루어져요. 게다가 한꺼번에 많이 만들 수도 없어
값이 무척 비쌌어요. 그래서 옛날에는 종이가
더없이 귀한 것이었고, 한지는 귀한 선물 중의
하나였지요.

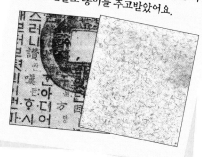

### 귀하디 귀한 한지

닥나무로 만든 한지는 너무 비싸서 평민
들이 쉽게 사용할 수 없었어요. 평민들은
다른 재료로 만든 한지를 사용했지요. 한
지는 사람의 손에 의한 복잡한 과정을 거
쳐야 해요. 게다가 한꺼번에 많이 만들 수
도 없어 값이 무척 비쌌어요. 종이가 귀
하고 소중한 것이었기에 옛 사람들은 특
별한 선물로 종이를 주고받았어요.

닥나무 껍질을 두드려요.

한지를 떠요.

닥나무 껍질에 닥풀을 풀어요.

한지를 말려요.

43

# 북적거리는 장터

이번에는 사람들이 북적거리는 시장으로 가요. 요즘에는 필요한 물건을 백화점처럼 큰 매장이나 날마다 여는 시장에서 언제든지 살 수 있지요. 옛날의 시장은 어떠했을까요? 한양 등 대도시에서는 날마다 장이 열렸지만, 그 밖의 지역에서는 보통 5일 간격으로 장이 열렸어요. 이것을 '장시'라고 해요. 요즘도 시골의 여러 지역에서는

이러한 전통에 따라 시장이 열리고 있어요. 장시는 조선 후기에 생산력의 발달로 예전보다 물질이 풍요로워지면서 등장했어요.

장이 서기 위해서는 물건을 사고 파는 사람들이 어느 정도 모여드는 곳이어야 해요. 그래서 장시는 여러 마을의 중심이 되는 곳, 즉 관아 등이 있는 곳에서 발달했지요.

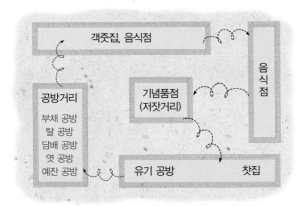

장터 배치도

## 장터는 서민 문화의 한마당

지금은 텔레비전이나 신문, 인터넷을 통해 세상의 여러 가지 소식을 알 수 있어요. 옛날에는 어떻게 세상 돌아가는 일을 알 수 있었을까요? 바로 장터에 가면 알 수 있었어요. 이곳에서 정보도 교환하고 보고 싶던 이웃 마을 사람들과 만날

수도 있었지요. 또 장터 한쪽 공터에서 벌어지는 떠돌이 사당패들의 놀이를 즐기고, 주막거리에서는 술, 국밥 등을 함께 먹었어요.

옛날에는 돈이 없어도 물건을 사고 팔 수 있었어요. 특히 농민들에게는 들에서 나는 다양한 곡식이 돈을 대신할 수 있는 중요한 것이었지요. 농민들은 대부분 농산물을 장터에 가져가서 필요한 것으로 바꾸어 썼어요. 이것을 물물교환이라고 했는데 이때 가장 중요한 기준이 되는 것이 곡물과 옷감이었지요.

## 민속촌의 장터를 둘러봐요

민속촌의 장터에는 각종 공방들이 자리를 잡고 있어요. 악기를 만드는 악기 공방, 유기 그릇을 만드는 유기전 등 기술자들의 작업실이 있지요.

공방들을 지나면 객줏집이 나와요. 장사치들이나 나그네들이 하룻밤 묵어가는 곳으로 밥을 먹을 수도 있었지요. 또 이곳에 물건을 맡기거나 판매를 부탁하기도 했어요.

객줏집을 지나면 갖가지 먹을거리를 파는 음식점이

> ### 장사치라는 말을 들어본 적이 있나요?
>
> 옛날에는 장사를 하는 사람들을 장사치라고 불렀어요. 대부분 장날을 따라 돌아다녀 장돌뱅이라고도 불렀지요. 물건을 지게에 지거나 보따리에 싸 가지고 다니면서 장사를 하지요. 때로는 마을로 들어가 집집마다 방문하면서 물건을 팔기도 했어요. 단골손님의 경우, 이웃 마을 친척들에게 안부를 전하거나 물건 전달을 부탁하기도 했지요.

유기전

악기 공방

### 여기서 잠깐!

**옛날 장터에서는 어떤 물건들이 많이 팔렸을까요?**
장터에는 많은 물건이 있어요. 옛 장터에는 있었지만 민속촌 장터에는 없는 가게(장사꾼)를 찾아보세요.

| 보기 |
| --- |
| 짚신 장수, 나무 장수, 대장간, 광주리 장수, 유기전 등 |

☞ 정답은 64쪽에

45

**방**
장터 어디에 붙어
있는지 찾아보세요.

나오지요. 옛날에 따뜻한 국밥이나 술을 먹을 수 있었던 주막거리를 볼 수 있지요. 이곳에서 음식을 먹으며 옛날 장터 분위기를 느껴 보세요.

그리고 장터처럼 사람이 많이 모이는 곳에는 방을 붙였답니다. 방이란 여러 사람에게 널리 알릴 사항을 길거리처럼 사람이 많이 모이는 곳이나 성문, 종루 등에 써 붙이는 안내문을 말해요. 죄인을 수배할 때나 법령 포고, 임금의 말씀, 국가적 경사를 알리는 데 널리 사용했지요.

**여기서 잠깐!**

## 각 지붕의 이름은 무엇일까요?

장터 거리 집들의 지붕을 보세요. 우리 옛 집에서 많이 사용한 5가지 종류의 지붕을 볼 수 있어요. 각각 어떤 집인지 아래에서 찾아보세요.

(       )
지붕을 기와로 만들었어요.

(       )
지붕을 짚으로 만들었어요.

(       )
지붕을 돌로 만들었어요.

(       )
지붕을 큰 나무의 껍질로 만들었어요.

(       )
지붕을 단단한 나무로 만들었어요.

**보기**

| 기와지붕 | 굴피지붕 | 초가지붕 | 너와지붕 | 너새지붕 |

☞ 정답은 64쪽에

46

# 도깨비

우리가 흔히 알고 있는 도깨비는 머리에 뿔이 달리고, 볼록볼록 튀어나온 방망이를 가진 모습이지요. 하지만 이것은 일본 도깨비 '오니' 의 모습이에요. 우리나라 도깨비는 원래 형체가 없지요. 옛날에는 사람들이 일상생활에서 쓰다 버린 물건들이 도깨비로 변한다고 믿었어요. 헌 빗자루, 부지깽이, 짚신 등으로 말이에요. 그리고 동굴이나 오래된 집, 오래된 나무 등에 모여 살다가 밤에 나와 활동한다고 하지요. 우리나라 도깨비들은 또 어떤 특징을 갖고 있는지 알아볼까요?

첫째, 장난을 좋아해서 사람에게 씨름 시합을 청하기도 하고 잔칫집에서 음식을 숨기기도 해요.

둘째, 꾀가 없고 순박해서 사람들에게 큰 복을 주기도 하지요. 사람을 속이지 않고 약속을 반드시 지키지요. 그래서 돈 석냥을 빌려 가서 두고 두고 갚은 도깨비가 있다고도 해요.

셋째, 노래와 춤을 즐기고 놀이를 좋아해요. 도깨비들이 혹부리 영감의 노래에 반했던 옛날 이야기 잘 알고 있지요?

이처럼 우리나라의 도깨비는 절대로 사람을 해치지 않으면서, 우리 조상과 더불어 살아가는 존재였어요.

동구 밖에는
무엇이 있을까요?

제주도의 집

박약당

# 동구 밖 다른 마을

그동안 재미있게 민속촌을 둘러보았나요? 이번에는 다리를 건너 섬마을로 가 보아요. 육지와 멀리 떨어진 섬 지방의 독특한 환경을 가지고 있는 제주도와 울릉도의 재미있는 생활 모습을 살펴보세요. 제주도의 정주석과 정낭, 통시가 무엇인지도 찾아보아요. 그런 다음에는 제주도에서 빼놓을 수 없는 돌하르방도 만나보는 거예요. 그리고 또 하나의 섬마을인 울릉도로 가 보세요. 울릉도에만 있는 너와와 우데기를 볼 수 있지요. 그 다음에는 전통민속관으로 가요. 세시 풍속, 민간 신앙, 오락, 관혼상제가 생생하고 알기 쉽게 정리되어 있어요. 마지막으로 옛날의 학교인 서당과 서원을 방문해 우리 조상들의 학교 생활도 알아보아요.

돌 하르방

# 외따로 있는 섬마을

제주도

북적거리는 장터를 나와 제주도 마을로 가 보기로 해요. 바람과 비가 많은 환경 때문에 제주도의 집은 전체적으로 바람이 잘 통하게 짓고, 넓은 마루를 두었어요. 집을 짓는 재료는 제주도 전역에 널려 있는 현무암과 한라산의 억새풀이에요. 지붕은 보통 2년에 한 번 가을에 새롭게 이는데, 거센 바람에 대비해 그물처럼 꼼꼼히 얽어맸어요. 벽은 나무와 흙을 이용하여 만든 다음 바깥쪽에 다시 낮은 돌벽을 쌓은 이중 구조이지요. 온돌은 날씨가 따뜻하여 크게 발달하지 않았어요.

제주도에는 예부터 해녀, 돌, 바람이 많고, 대문, 거지, 도둑이 없는 것으로 유명했어요. 그만큼 인심이 풍요롭고 넉넉하다는 뜻이지요.

제주도에는 일반 집과 달리 대문이 없어요. 정낭과 정주석이 대문 역할을 하지요. 정낭을 세 개 걸친 것은 주인이 없음을, 두 개인

**정낭**
정주석에 걸쳐 놓는 기다란 나무를 말해요.

**정주석**
집으로 들어가는 입구에 세워진 서너개의 구멍이 뚫린 돌이에요.

정낭과 정주석

정낭    정주석

**통시**
사람의 똥을 이용하여 돼지를 기르는 화장실이에요. 돌담이 둘러져 있으며 용변을 볼 때 엉덩이를 가릴 정도의 높이로 쌓았어요. 지리산 자락의 경상도, 전라도 지역에서도 볼 수 있었어요.

경우는 먼 거리로 외출하였음을, 한 개인 경우는 가까운 곳에 있다는 것을 뜻해요.

제주도의 집은 세대에 따라 안커리와 밖커리로 공간을 나누었어요. 안커리는 부모 세대, 밖커리는 자녀 세대가 살았지요. 두 세대는 각각의 부엌에서 음식도 따로 만들어 먹고 농사도 각각 지었어요.

제주도는 기온이 따뜻하여 난방의 필요성이 크지 않았어요. 그래서 밥하는 아궁이와 난방을 하는 아궁이가 분리되어 있었어요. 연료는 나무 대신 말똥을 주로 사용했어요.

그리고 제주도 하면 빼놓을 수 없는 것이 돌하르방이에요. 육지의 장승과 같다고 생각하면 되지요. 오른손이 위에 있고 왼손이 아래에 있으면 할아버지인 '하르방'이고 문신을 상징하지요. 하지만 손의 위치가 바뀌면 할머니를 뜻하는 '할멍'이라고 부르며 무신을 상징하지요.

결혼한 여자가 돌하르방의 코를 만지면 아들을 낳는다 하여 남성을 상징하는 돌하르방의 코가 특히 많이 닳아 있는 것을 볼 수 있어요.

제주도의 부엌은 음식용 아궁이가 따로 있는 것 이것이 육지의 부엌과 다른 점이에요.

돌하르방

## 여기서 잠깐!

### 제주도에서 볼 수 있는 참의 기능은 무엇일까요?

현무암으로 이루어진 제주에서는 물이 곧바로 지하로 흡수돼요. 그래서 물이 무척 귀했지요. 귀한 물을 잘 활용하기 위해 오른쪽 사진처럼 참을 설치해서 생활했어요. 그런데 왜 참에 짚을 두른 걸까요?

▶힌트 정수기의 숯과 같은 역할이에요.

☞정답은 64쪽에

**투막집**
집의 처마 둘레에 우데기를 둘러쳐 바람이나 눈비를 막아요.

## 울릉도

울릉도는 예부터 사람들이 살았으나 조선 시대 중반에는 한동안 섬을 비워 두었어요. 그 후 19세기 말에 나라에서 다시 사람들을 이주시켰지요.

울릉도는 겨울이 길어서 눈이 많이 내리면 종종 집 밖으로 나가지 못하는 일도 벌어져요. 그래서 울릉도의 전통 가옥은 이런 환경에 대비한 양식으로 발전했지요. 벽을 이중으로 만들고, 지붕은 너와를 얹거나 새로 덮었어요. 먼저 안쪽에 둥근 나무를 쌓아 올려 그 틈새를 흙으로 발라 메웠어요. 바깥쪽에는 지붕의 처마를 따라 안쪽에 여러 개의 기둥을 세우고, 그 기둥에 기대어 억새로 이엉을 엮어 또 하나의 벽인 우데기를 둘렀지요. 그 안에 방, 부엌, 화장실, 외양간 등이 모두 있어요. 아무리 눈이 많이 와도 집 안에서 모든 것을 해결할 수 있도록 만든 것이에요. 출입구에는 싸리나 새로 엮은 발을 내려뜨려 비바람이 우데기 안으로 들이치는 것을 막았어요. 각 방은 따로 문을 설치했지만, 부엌에는 문을 두지 않았어요. 천장과 서까래 사이의 공간은 여러 가지 물건을 얹어 놓는 저장 공간으로 활용했지요.

🔍 **너와**
큰 나무를 켜서 기와 크기 정도로 자른 나무 널을 말해요.

🔍 **새**
산이나 들에 자라는 띠나 억새를 말해요.

### 19세기 개척 초기 울릉도의 먹을거리

산염소, 새알, 각종 해산물을 많이 먹었어요. 식량은 육지에서 실어다 먹었어요. 점차 바다를 중심으로 한 어업을 발전시키면서 나중에는 섬 가운데의 분지를 개간하여 농사도 지었지요.

### 여기서 잠깐!

### 전통 민속관에 들어가 보아요

7개의 전시실로 나뉘어 옛날 한 집안의 4대가 1년을 보내는 과정을 세시 풍속, 민간 신앙, 오락, 관혼상제를 중심으로 생생하고 알기 쉽게 정리해 놓았어요. 있지요. 어떤 모습인지 확인해 보아요.

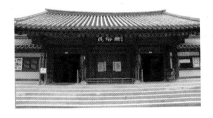

# 중요한 길이었던 강

요즘은 고속도로나 철도로 많은 물자를 운송하고 있어요. 넓고 빠른 도로가 발달하지 못하였던 옛날에는 어떻게 많은 물자를 운반했을까요? 주로 강을 이용하여 운반했어요. 장터를 지나면 강가가 보일 거예요. 짐을 싣고 운반했던 뱃사공들을 떠올리며 강가를 거닐어 보아요.

**나룻배**
사람이나 짐을 건네줄 때 쓰는 배예요. 강이 깊거나 폭이 넓어 다리를 놓을 수 없는 곳에서 강을 건널 수 있는 유일한 방법이지요. 한강과 같이 큰 강에는 곳곳에 나룻배를 탈 수 있는 나루터가 있었어요.

**돛배(범선)**
돛을 달아 바람의 힘을 이용하여 움직이는 배예요. 물길을 따라 짐을 운반하는 데 중요한 역할을 했어요.

**뗏목**
통나무를 떼로 가지런히 엮어서 물에 띄워 사람이나 물건을 운반할 수 있도록 만든 거예요. 옛 건축에서 가장 많이 쓰이는 재료가 나무예요. 특히 강원도의 좋은 목재는 궁궐을 비롯한 여러 건축물에 많이 사용했지요. 목재의 운반은 한강의 물줄기를 따라 뗏목으로 운반했어요.

# 서원

서원은 서당에서 기초 과정을 마친 학생들이 공부하는 학교예요. 각 지역에서 훌륭한 옛 학자들의 학문과 뜻을 이어받아 훌륭한 인재를 기르기 위해 세운 거예요. 사당에 훌륭한 옛 학자를 스승으로 모셔 놓고 주기적으로 제사를 지내면서 학문을 이어받기 위하여 공부하지요. 전국에 골고루 퍼져 있으며, 각 서원에서 모시는 인물이 달라, 학문의 경향도 약간씩 차이가 있었어요.

## 서원의 구조

서원은 사당, 강당, 재를 중심으로 이루어져 있어요. 그중에서 스승과 제자가 마주앉아 학문을 하던 강당이 중심 건물이었어요.

**고직사**
유생들의 생활 공간인 숙소로 쓰이던 곳이에요.

**사당**
성현들의 위패가 모셔 놓고 제사를 지내는 곳이에요.

**이아각**
서원에서 보관하거나 만든 목판이나 책을 보관하는 곳이에요.

강당 뒤로는 성현들의 위패를 모셔
제사를 지내는 사당이 있어요. 그리고
서원 안에는 유생들을 위한 기숙사인
'재'가 있었어요. 강당 앞에 마당을
두고 서로 마주보고 있지요. 동쪽에
있는 건물은 동재라고 부르며
윗사람들이 사용했고, 서쪽에 있는
건물은 서재라고 부르면서 아랫사람들이 사용했지요.

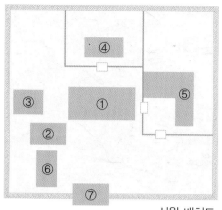

① 박약당
② 보인당
③ 이아각
④ 충절사
⑤ 고직사
⑥ 구시재
⑦ 문간채

서원 배치도

## 우리나라의 서원

우리나라에 서원이 처음 생긴 것은 조선 중종 때였어요. 풍기
군수 주세붕이 안향의 옛 집터에 사당을 짓고 선비의
자제들을 교육하면서 시작되었어요. 이 서원이 바로
영주에 있는 백운동서원이에요. 이곳은 우리나라
최초의 사액서원인데 임금이 직접 이름을 지어 내린
서원을 통틀어 일컫는 말이에요.

그리고 퇴계 이황을 모시는 도산서원도 대표적인
서원이지요. 학파의 구분을 넘어 이상적인 선비의
모습을 보여 준 이황을 기리는 곳이에요.

🔍 안향
성리학을 우리나라에 처음 소개한 사람이에요.

### 옛날 대학생들도 시위를 했다고?

옛날 성균관의 학생들도 시위를 했어요. 국가의 정책이나 결정이 부당하다고 느낄 경우에 학생들이 상소를 올렸는데, 그래도 바로잡아지지 않을 경우에는 수업을 거부하는 권당이나 학교를 비우고 떠나는 공관을 행했지요. 나라에서는 최고의 학생들이 모여 있는 성균관에 대하여 많은 자치 활동을 인정했는데, 이러한 행동을 왕도 묵인했어요.

구시재
유생들이 공부도 하고 휴식도 취하는 곳이에요.

보인당
유생들이 학문을 연구하는 곳이에요.

박약당
중심 건물인 강당이에요. 스승과 제자가 마주 앉아 학문을 하던 곳이지요.

# 옛 사람들의 삶과 우리들의 삶

우리는 지금까지 옛 사람들의 삶을 엿볼 수 있도록 꾸며 놓은 민속촌을 둘러보았지요.

옛 사람들의 삶이 정겨우면서도 멋스러운 것은 삶 자체가 하나의 자연을 이루었기 때문이에요. 봄에 씨앗을 뿌리고, 여름에 김을 매고, 가을에 수확하고, 겨울에는 휴식을 취하면서 다음 해 농사를 준비했어요. 즉 일 년 열두 달 계절의 변화에 맞춰 일을 했지요.

옛 사람들의 삶은 늘 이웃과 함께했어요. 아이들은 동네 아이들과 함께 놀았고, 어른들은 마을 사람들과 서로 도우면서 일을

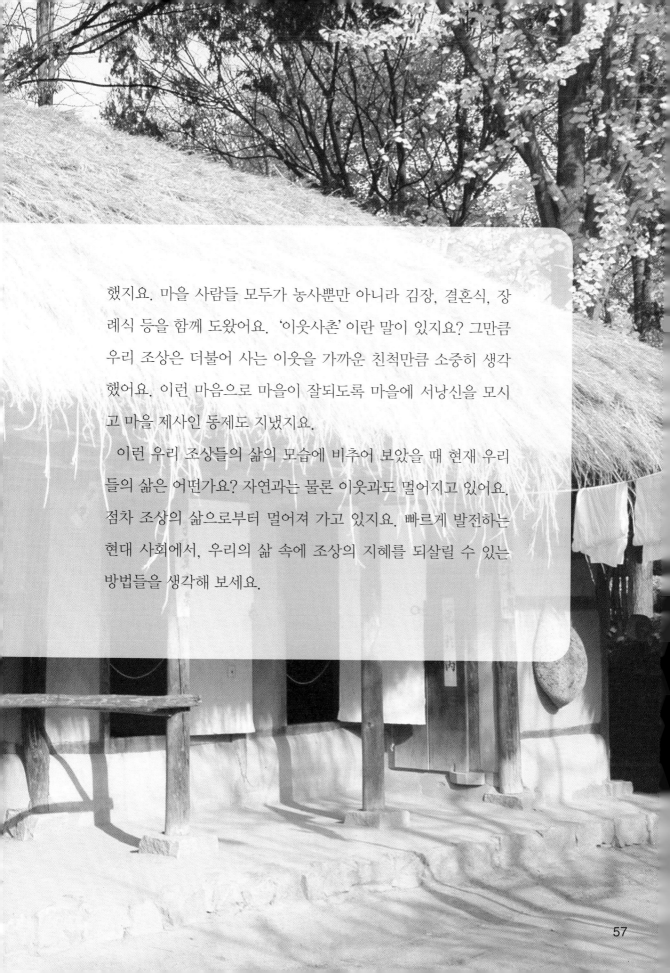

했지요. 마을 사람들 모두가 농사뿐만 아니라 김장, 결혼식, 장례식 등을 함께 도왔어요. '이웃사촌' 이란 말이 있지요? 그만큼 우리 조상은 더불어 사는 이웃을 가까운 친척만큼 소중히 생각했어요. 이런 마음으로 마을이 잘되도록 마을에 서낭신을 모시고 마을 제사인 동제도 지냈지요.

이런 우리 조상들의 삶의 모습에 비추어 보았을 때 현재 우리들의 삶은 어떤가요? 자연과는 물론 이웃과도 멀어지고 있어요. 점차 조상의 삶으로부터 멀어져 가고 있지요. 빠르게 발전하는 현대 사회에서, 우리의 삶 속에 조상의 지혜를 되살릴 수 있는 방법들을 생각해 보세요.

# ① 세시 풍속을 연결해 보세요.

우리 조상은 1년을 24절기로 나누고 절기에 맞추어 생활했어요. 다음 각 계절별로 중요한 절기를 서로 연결지어 보세요.

설 •

• 동지 후 105일 째 되는 날이에요. 농가에서는 이 시기에 논농사 준비를 했어요. 그리고 음식을 마련하여 조상의 묘를 찾아 성묘했어요.

정월
대보름 •

• 한 해 수확에 감사하고 조상님께 차례를 지내고 성묘도 가요. 송편을 만들어 먹고, 강강술래 등의 놀이도 하지요.

한식 •

• 한 해의 시작으로 조상께 차례를 지내고 성묘를 하며, 어른들께 세배를 드려요. 이웃들과 널뛰기, 윷놀이 등을 하지요.

단오 •

• 밤이 가장 긴 날로 팥죽을 쑤어 먹어요. 사당에 팥죽을 올리고, 악귀를 쫓기 위하여 벽과 대문에도 뿌려요.

추석 •

• 풍년을 기원하면서 서낭당에 제사를 지내요. 부럼도 깨고 오곡밥과 귀가 밝아진다는 귀밝이술도 먹어요.

동지 •

• 봄 농사의 수확에 감사하고 여인들은 창포물에 머리를 감아요. 여자들은 그네를 타고 남자들은 씨름을 하지요.

| 1 | 1 |  |  | 2 |  |  |  | 3 |  |  |
|---|---|---|---|---|---|---|---|---|---|---|
|  |  |  |  |  |  | 3 |  |  |  | 4 |
|  |  |  |  |  |  |  |  |  |  |  |
|  |  |  |  |  |  |  |  | 4 |  |  |
|  |  |  |  |  |  |  |  |  |  |  |
|  |  |  | 5 |  |  |  |  |  |  |  |
|  | 6 |  |  |  |  |  |  |  |  |  |
|  |  |  |  |  |  |  |  |  |  |  |
|  | 6 |  |  |  |  |  |  | 7 |  |  |
| 7 |  |  |  |  |  | 8 |  |  |  |  |

〈가로 열쇠〉

① 고을을 훌륭하게 통치한 수령을 기리기 위해 세운 비.

② 왕의 위패를 모신 곳.

③ 담 주변에 많이 있어 액운이 집 안으로 들어오는 것을 막아 주는 꽃.

④ 돌로 만든 장승의 하나로 제주도에 있는 것.

⑤ 마을 입구에 있어 잡귀를 막아 주는 것으로, 마을 사람들이 섬기는 큰 돌무더기나 나무.

⑥ 옛날 병원.

⑦ 해마다 일정한 시기에 행하여지는 민속.

⑧ 신성한 곳임을 알려 주는 나무살로 만든 문.

〈세로 열쇠〉

① 추운 함경도 지방에 있는 것으로, 벽이 없이 부뚜막과 방바닥이 이어진 곳.

② 장터에 있는 것으로 밥도 먹고 잠도 잘 수 있는 집.

③ 고을을 통치하는 곳으로 수령이 일하는 곳.

④ 소나 말의 힘으로 크고 둥근 돌을 굴리면서 곡식을 찧는 시설.

⑤ 지방의 양반들이 세운 학교로 성현에게 제사를 지내면서 공부를 하는 곳.

⑥ 똥 돼지가 있는 제주도 화장실.

⑦ 어떤 사실을 알리거나 죄인을 찾기 위해 거리에 붙이는 글.

☞정답은 64쪽에

# 책을 만들어 보아요

민속촌 답사는 잘 마쳤나요? 그럼, 민속촌에서 가장 기억에 남는 것들을 모아 우리가 직접 책으로 만들어 봐요. 이 책을 민속촌에 가 보지 못한 친구나 평소 좋아하던 친구에게 선물한다면 마음이 담긴 멋진 선물이 되겠지요.

## ▶▶책 만드는 순서

사진을 보고 순서대로 따라 해 보세요.
모서리와 접는 순서를 잘 맞추어야 예쁜 책이 완성되지요.

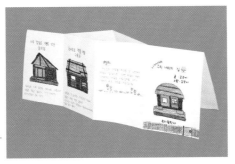

1. 종이를 반으로 가르고 접고 가운데로 한 번, 또 가운데로 한 번 접어 주세요.

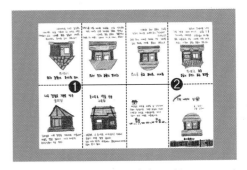

2. 다시 펴서 ❶과 ❷를 잘라 주어요.

3. 다시 종이를 반으로 접어 ❶과 ❷를 맞닿게 해요.

4. 앞 표지와 뒷표지가 바깥으로 나오게 접으면 책이 완성되지요.

60

## ▶▶책에는 이런 내용을 담아 보세요.

유적지나 박물관 등을 소개하는 책을 본 적이 있어요? 이런 책은 현장에 가지 않아도 유물에 대한 이해를 높이는데 많은 도움이 되지요.

책을 직접 만들 때에는 먼저 책의 크기를 정하고 무슨 내용을 담을 것인지 생각해 보세요. 우리가 체험학습을 간 한국민속촌에서 보고 들은 것 또는 연관지을 수 있는 것 등 무엇이든 좋아요. 여기에서는 한국민속촌에서 본 전통 가옥들로 책을 꾸며 보아요.

——— 접는선
——— 자르는 선

**나무 껍질로 지붕을 만든 굴피집**

굴피집은 나무 껍질을 기와처럼 사용해서 지붕을 엮은 집이다. 산간 지방의 화전민들이 주로 쓴다.

**돌나무로 벽을 만든 귀틀집**

귀틀집은 굵은 통나무를 사각형으로 맞추어 층층이 벽을 쌓은 집이다. 우리 나라뿐만 아니라 유럽이나 중앙아시아에서도 많이 볼 수 있다.

옛집은 재료를 무엇으로 쓴 것인지에 따라 달라졌어. 자연 환경에 따라 다양한 재료를 사용했어요. 그리고 구하기 쉬운 재료를 선택했지요.

**우리 나라의 집**

글 · 김은지
그림 · 김은지

은지출판사

**글**
책에는 충실한 내용을 설명하여 주는 것이 무엇보다 중요하지요. 읽는 사람이 알기 쉽게 설명하고, 틀린 내용은 없는지 꼼꼼하게 살펴 보아요.

**그림**
책 내용과 어울리는 그림을 그려 보아요. 책에 있는 그림은 내용을 이해하는 데 도움이 된답니다.

**뒤표지**
책의 내용을 요약해서 보여 주면 무슨 책인지 한눈에 내용을 알 수 있지요.

**앞표지**
책의 제목, 글을 쓰고 그림을 그린 사람의 이름을 적어 주어요. 제목에는 책의 내용이 잘 드러나 있어야 해요. 출판사의 이름도 내 맘에 들게 지어 보아요.

# 주변을 둘러보아요

한국민속촌은 재미있게 둘러보았나요? 그런데 바로 떠나기가 아쉽지 않은가요? 좋아요, 그렇다면 주변에
무엇이 있는지 더 둘러보고 돌아가는 것은 어때요? 그럼, 민속촌 주변에는 무엇이 있는지 찾아볼까요?

## 경기도박물관

경기도 역사를 한눈에 볼 수 있게 모아놓은 곳이에요.
경기도 내에서 발굴되는 각종 유물을 보관·전시하고 있어요.
토기나 청동 제품, 청자, 복식, 서화, 고서 등 다양한 전시품을
통해 우리 조상들의 전통문화를 엿볼 수 있어요.

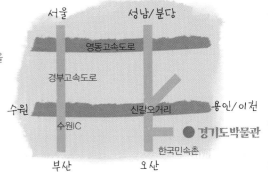

● 열고 닫는 시간 : 오전 9시 ~ 오후 6시
● 쉬는 날 : 매주 월요일, 1월 1일
● 이용 요금 : 어린이 무료, 19 ~ 24세 300원,
　　　　　　　25 ~ 64세 700원
● 관람에 관한 안내 및 문의 : ☎ (031) 288-5400
● 위 치 : 경기도 용인시 기흥구 상갈동 85번지
● 가는 방법　　버스 타고 가요 : 560, 5001-1, 1116, 7007-1, 5500-1, 9404
　　　　　　　　승용차로 가요 : 서울-오산간 국도 → 수원-용인간 국도 → 신갈오거리 →
　　　　　　　　　　　　　　　한국민속촌 방향으로 1.5km

## 에버랜드

과학의 원리는 우리 생활 곳곳에 숨어 있지요.
열차는 어떻게 거꾸로 매달려 달리는지, 놀이기구를 타다 보면
몸이 무거워졌다 가벼워졌다 하는 것은 무엇 때문인지,
불꽃놀이의 불꽃은 어떻게 해서 여러 가지 빛깔로 빛나는지,
놀이 기구를 신나게 즐기면서 온몸으로 과학의 원리를 느껴 보세요.

● 열고 닫는 시간 : 월~목 오전 9시 30분 ~ 오후 6시,
　　　　　　　　　금~일 오전 9시 30분 ~ 오후 8시
● 이용 요금 : **입장권**　　주간 : 어린이 20,000원　어른 27,000원　야간 : 어린이 17,000원　어른 23,000원
　　　　　　 **자유이용권** 주간 : 어린이 25,000원　어른 34,000원　야간 : 어린이 21,000원　어른 29,000원
● 관람에 관한 안내 및 문의 : ☎ (031) 320-5000
● 위 치 : 경기도 용인시 처인구 포곡읍 전대리 310번지
● 가는 방법　　버스 타고 가요 : 서울 출발 1113, 1500, 1500-2, 5800, 5002
　　　　　　　　　　　　　　　경기도 출발 67, 10-5, 66-4, 66-3, 66-1, 66, 6000
　　　　　　　　승용차로 가요 : 서울 → 영동고속도로 → 용인이나 마성 출구 → 에버랜드 방향

# 수원화성

정조의 꿈이 담긴 조선 최초의 신도시, 수원화성으로 가요.
수원 시내를 가로질러 길게 뻗어 있는 성곽이
바로 수원화성이에요.
최신식 건축 기법을 이용하여 지은 수원화성은
성문을 보호하는 옹성이나 치, 공심돈 등이
이를 잘 나타내고 있어요.
그래서 우리나라 성곽의 꽃이라고 불러요.
성곽을 이루는 돌과 벽돌 하나하나에
정조의 효심과 백성을 사랑하는 마음이 담겨 있고,
실학자들의 창조 정신이 숨 쉬고 있어요.

● 열고 닫는 시간 : 평일 오전 9시 ~ 오후 6시, 주말 오전 9시 ~ 오후 7시
● 이용 요금 : 일반 어린이 500원, 어른 1,000원  단체 어린이 300원 어른 700원
● 관람에 관한 안내 및 문의 : ☎ (031) 228-4410~2
● 위 치 : 경기도 수원시 팔달구 남창동 68-5 화성사업소
● 가는 방법

지하철 타고 가요 : 1호선 병점이나 천안 행을 타고 화서역에서 내려서 팔달문행 버스나 택시를 타요.


# 조선 최대의 행궁, 화성행궁으로 가요

화성행궁은 수원화성 안에 있어요.
조선 시대 최대의 행궁으로 행궁 문화의 걸작으로
손꼽히지요. 처음 정조가 도시를 옮긴 당시에는
340칸의 규모였지만 1796년 화성 축성이
마무리되었을 때에는 576칸으로 규모가 더 커졌지요.
이것은 정조가 장차 왕위를 물리고 난 뒤에는
화성으로 내려와 살고자 했기 때문이에요.
잠시 정조 시대로 돌아가 화성행궁을 둘러보아요.

● 열고 닫는 시간 : 평일 오전 9시 ~ 오후 6시, 주말 오전 9시 ~ 오후 7시
● 이용 요금 : 일반 어린이 700원, 어른 1,500원  단체 어린이 500원 어른 1,200원
● 관람에 관한 안내 및 문의 : ☎ (031) 228-4410~2
● 위 치 : 경기도 수원시 팔달구 남창동 68-5 화성사업소
● 가는 방법

지하철 타고 가요 : 1호선 병점이나 천안 행을 타고 화서역에서 내려서 팔달문행 버스나 택시를 타요.

# 정답

## 여기서 잠깐!

15쪽 ①

17쪽 ①

29쪽 쟁기, 곡괭이, 낫, 호미, 삽 등 각종 농기구

35쪽 된장

45쪽 짚신장수, 나무장수, 광주리장수

46쪽

기와지붕　　　　초가지붕　　　　너새지붕

굴피지붕　　　　너와지붕

51쪽

짚이 불순물을 걸러 주어 깨끗한 물을 받을
수 있어요.

## 나는 한국민속촌 박사!

① 세시 풍속을 연결해 보세요.

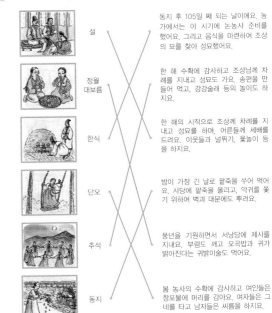

설 — 동지 후 105일 째 되는 날이에요. 농가에서는 이 시기에 논농사 준비를 했어요. 그리고 음식을 마련하여 조상의 묘를 찾아 성묘했어요.

정월 대보름 — 한 해 수확에 감사하고 조상님께 차례를 지내고 성묘도 가요. 송편을 만들어 먹고, 강강술래 등의 놀이도 하지요.

한식 — 한 해의 시작으로 조상께 차례를 지내고 성묘를 하며, 어른들께 세배를 드려요. 이웃들과 널뛰기, 윷놀이 등을 하지요.

단오 — 밤이 가장 긴 날로 팥죽을 쑤어 먹어요. 사당에 팥죽을 올리고, 악귀를 쫓기 위하여 벽과 대문에도 뿌려요.

추석 — 풍년을 기원하면서 서낭당에 제사를 지내요. 부럼도 깨고 오곡밥과 귀가 밝아진다는 귀밝이술도 먹어요.

동지 — 봄 농사의 수확에 감사하고 여인들은 창포물에 머리를 감아요. 여자들은 그네를 타고 남자들은 씨름을 하지요.

② 십자말풀이를 해 보세요.

| 선 | 정 | 비 |   | 객 | 사 |   |   | 관 |   |
|---|---|---|---|---|---|---|---|---|---|
|   | 주 |   |   | 줏 |   | 봉 | 숭 | 아 | 연 |
|   | 간 |   |   | 집 |   |   |   |   | 자 |
|   |   |   |   |   |   |   | 하 | 루 | 방 |
|   |   |   |   |   |   |   |   |   | 아 |
|   |   |   | 서 | 낭 | 당 |   |   |   |   |
| 한 | 의 | 원 |   |   |   |   |   |   |   |
|   | 통 |   |   |   |   |   |   | 방 |   |
| 세 | 시 | 풍 | 속 |   |   |   | 홍 | 살 | 문 |

# 초등학교 교과서와 관련된 학년별 현장 체험학습 추천 장소

| 1학년 1학기 (21곳) | 1학년 2학기 (18곳) | 2학년 1학기 (21곳) | 2학년 2학기 (25곳) | 3학년 1학기 (31곳) | 3학년 2학기 (37곳) |
|---|---|---|---|---|---|
| 철도박물관 | 농촌 체험 | 소방서와 경찰서 | 소방서와 경찰서 | 경희대자연사박물관 | IT월드(과천정보나라) |
| 소방서와 경찰서 | 광릉 | 서울대공원 동물원 | 서울대공원 동물원 | 광릉수목원 | 강원도 |
| 시민안전체험관 | 홍릉 산림과학관 | 농촌 체험 | 강릉단오제 | 국립민속박물관 | 경희대자연사박물관 |
| 천마산 | 소방서와 경찰서 | 천마산 | 천마산 | 국립서울과학관 | 광릉수목원 |
| 서울대공원 동물원 | 월드컵공원 | 남산골 한옥마을 | 월드컵공원 | 국립중앙박물관 | 국립경주박물관 |
| 농촌 체험 | 시민안전체험관 | 한국민속촌 | 남산골 한옥마을 | 기상청 | 국립고궁박물관 |
| 코엑스 아쿠아리움 | 서울대공원 동물원 | 국립서울과학관 | 한국민속촌 | 서대문자연사박물관 | 국립국악박물관 |
| 선유도공원 | 우포늪 | 서울숲 | 농촌 체험 | 선유도공원 | 국립부여박물관 |
| 양재천 | 철새 | 갯벌 | 서울숲 | 시장 체험 | 국립서울과학관 |
| 한강 | 코엑스 아쿠아리움 | 양재천 | 양재천 | 신문박물관 | 남산 |
| 에버랜드 | 짚풀생활사박물관 | 동굴 | 선유도공원 | 경상북도 | 남산골 한옥마을 |
| 서울숲 | 국악박물관 | 고성 공룡박물관 | 불국사와 석굴암 | 양재천 | 롯데월드민속박물관 |
| 갯벌 | 천문대 | 코엑스 아쿠아리움 | 국립중앙박물관 | 경기도 | 국립민속박물관 |
| 고성 공룡박물관 | 자연생태박물관 | 옹기민속박물관 | 국립민속박물관 | 이화여대자연사박물관 | 삼성어린이박물관 |
| 서대문자연사박물관 | 세종문화회관 | 기상청 | 전쟁기념관 | 전쟁기념관 | 서대문자연사박물관 |
| 옹기민속박물관 | 예술의 전당 | 시장 체험 | 판소리 | 천마산 | 선유도공원 |
| 어린이 교통공원 | 어린이대공원 | 에버랜드 | DMZ | 한강 | 소방서와 경찰서 |
| 어린이 도서관 | 서울놀이마당 | 경복궁 | 시장 체험 | 화폐금융박물관 | 시민안전체험관 |
| 서울대공원 | | 강릉단오제 | 광릉 | 호림박물관 | 경상북도 |
| 남산자연공원 | | 몽촌역사관 | 홍릉 산림과학관 | 홍릉 산림과학관 | 월드컵공원 |
| 삼성어린이박물관 | | 국립현대미술관 | 국립현충원 | 우포늪 | 육군사관학교 |
| | | | 국립4·19묘지 | 소나무 극장 | 해군사관학교 |
| | | | 지구촌민속박물관 | 예지원 | 공군사관학교 |
| | | | 우정박물관 | 자운서원 | 철도박물관 |
| | | | 한국통신박물관 | 서울타워 | 이화여대자연사박물관 |
| | | | | 국립중앙과학관 | 제주도 |
| | | | | 엑스포과학공원 | 천마산 |
| | | | | 올림픽공원 | 천문대 |
| | | | | 전라남도 | 태백석탄박물관 |
| | | | | 경상남도 | 판소리박물관 |
| | | | | 허준박물관 | 한국민속촌 |
| | | | | | 임진각 |
| | | | | | 오두산 통일전망대 |
| | | | | | 한국천문연구원 |
| | | | | | 종이미술박물관 |
| | | | | | 짚풀생활사박물관 |
| | | | | | 토탈야외미술관 |

| 4학년 1학기 (34곳) | 4학년 2학기 (56곳) | 5학년 1학기 (35곳) | 5학년 2학기 (51곳) | 6학년 1학기 (36곳) | 6학년 2학기 (39곳) |
|---|---|---|---|---|---|
| 강화도 | IT월드(과천정보나라) | 갯벌 | IT월드(과천정보나라) | 경기도박물관 | IT월드(과천정보나라) |
| 갯벌 | 강화도 | 광릉수목원 | 강원도 | 경복궁 | KBS 방송국 |
| 경희대자연사박물관 | 경기도박물관 | 국립민속박물관 | 경기도박물관 | 덕수궁과 정동 | 경기도박물관 |
| 광릉수목원 | 경복궁 / 경상북도 | 국립중앙박물관 | 경복궁 | 경상북도 | 경복궁 |
| 국립서울과학관 | 경주역사유적지구 | 기상청 | 덕수궁과 정동 | 고성 공룡박물관 | 경희대자연사박물관 |
| 기상청 | 경희대자연사박물관 | 남산골 한옥마을 | 경상북도 | 국립민속박물관 | 광릉수목원 |
| 농촌 체험 | 고창, 화순, 강화 고인돌유적 | 농업박물관 | 경희대자연사박물관 | 국립서울과학관 | 국립민속박물관 |
| 서대문자연사박물관 | 전라북도 | 농촌 체험 | 고인쇄박물관 | 국립중앙박물관 | 국립중앙박물관 |
| 서대문형무소역사관 | 고성공룡박물관 | 서울국립과학관 | 충청도 | 농업박물관 | 국회의사당 |
| 서울역사박물관 | 충청도 | 서울대공원 동물원 | 광릉수목원 | 롯데월드민속박물관 | 기상청 |
| 소방서와 경찰서 | 국립경주박물관 | 서울숲 | 국립공주박물관 | 몽촌토성과 풍납토성 | 남산 |
| 수원화성 | 국립민속박물관 | 서울시청 | 국립경주박물관 | 민주화현장 | 남산골 한옥마을 |
| 시장 체험 | 국립부여박물관 | 서울역사박물관 | 국립고궁박물관 | 백범기념관 | 대법원 |
| 경상북도 | 국립서울과학관 | 시민안전체험관 | 국립민속박물관 | 서대문자연사박물관 | 대학로 |
| 양재천 | 국립중앙박물관 | 경상북도 | 국립서울과학관 | 서대문형무소 역사관 | 민주화현장 |
| 옹기민속박물관 | 국립국악박물관 / 남산 | 양재천 | 국립중앙박물관 | 서울역사박물관 | 백범기념관 |
| 월드컵공원 | 남산골 한옥마을 | 강원도 | 남산골 한옥마을 | 조선의 왕릉 | 아인스월드 |
| 철도박물관 | 농업박물관 / 대법원 | 월드컵공원 | 농업박물관 | 성균관 | 서대문자연사박물관 |
| 이화여대자연사박물관 | 대학로 | 유명산 | 롯데월드민속박물관 | 시민안전체험관 | 국립서울과학관 |
| 천마산 | 롯데월드민속박물관 | 제주도 | 충청도 | 경상북도 | 서울숲 |
| 천문대 | 몽촌토성과 풍납토성 | 짚풀생활사박물관 | 서대문자연사박물관 | 암사동 선사주거지 | 신문박물관 |
| 철새 | 불국사와 석굴암 | 천마산 | 성균관 | 운현궁과 인사동 | 양재천 |
| 홍릉 산림과학관 | 서대문자연사박물관 | 한강 | 세종대왕기념관 | 전쟁기념관 | 월드컵공원 |
| 화폐금융박물관 | 서울대공원 동물원 | 한국민속촌 | 수원화성 | 천문대 | 육사사관학교 |
| 선유도공원 | 서울숲 | 호림박물관 | 시민안전체험관 | 철새 | 이화여대자연사박물관 |
| 독립공원 | 서울역사박물관 | 홍릉 산림과학관 | 시장 체험 / 신문박물관 | 청계천 | 중남미박물관 |
| 탑골공원 | 조선의 왕릉 | 하회마을 | 경기도 | 짚풀생활사박물관 | 짚풀생활사박물관 |
| 신문박물관 | 세종대왕기념관 | 대법원 | 강원도 | 태백석탄박물관 | 창덕궁 |
| 서울시의회 | 수원화성 | 김치박물관 | 경상북도 | 해인사 고려대장경과 장경판전 | 천문대 |
| 선거관리위원회 | 승정원 일기 / 양재천 | 난지하수처리사업소 | 옹기민속박물관 | 호림박물관 | 우포늪 |
| 소양댐 | 옹기민속박물관 | 농촌, 어촌, 산촌 마을 | 운현궁과 인사동 | 유니세프 한국위원회 | 판소리박물관 |
| 서남하수처리사업소 | 월드컵공원 | 들꽃수목원 | 육군사관학교 | 무령왕릉 | 한강 |
| 중랑구재활용센터 | 육군사관학교 | 정보나라 | 이화여대자연사박물관 | 현충사 | 홍릉 산림과학관 |
| 중랑하수처리사업소 | 철도박물관 | 드림랜드 | 전라북도 | 덕포진교육박물관 | 화폐금융박물관 |
| | 이화여대자연사박물관 | 국립극장 | 전쟁박물관 | 서울대학교 의학박물관 | 훈민정음 |
| | 조선왕조실록 / 종묘 | | 창경궁 / 천마산 | 상수허브랜드 | 상수도연구소 |
| | 종묘제례 | | 천문대 | | 한국자원공사 |
| | 창경궁 / 창덕궁 | | 태백석탄박물관 | | 동대문소방서 |
| | 천문대 / 청계천 | | 한강 | | 중앙119구조대 |
| | 태백석탄박물관 | | 한국민속촌 | | |
| | 판소리 / 한강 | | 해인사 고려대장경과 장경판전 | | |
| | 한국민속촌 | | 화폐금융박물관 | | |
| | 해인사 고려대장경과 장경판전 | | 중남미문화원 | | |
| | 호림박물관 | | 첨성대 | | |
| | 화폐금융박물관 | | 절두산순교유적지 | | |
| | 훈민정음 | | 천도교 중앙대교당 | | |
| | 온양민속박물관 | | 한국에너지기술연구원 | | |
| | 아인스월드 | | 한국자수박물관 | | |
| | | | 초전섬유퀼트박물관 | | |

# 숙제를 돕는 사진

장승

효자문

솟을대문

사랑채

정주석과 정낭

한의원

정주간

아흔아홉 칸 양반집

돌하르방

우물

문고리받침